小学语文
课本里的人物

王莉　茆京来 ◎ 编
刘方铭 ◎ 插画

通用版　第 1 册

天地出版社 | TIANDI PRESS

图书在版编目（CIP）数据

课本里的人物. 第1册 / 王莉, 茆京来编; 刘方铭插画. —成都：天地出版社，2024.4
ISBN 978-7-5455-8154-6

Ⅰ.①课… Ⅱ.①王…②茆…③刘… Ⅲ.①人物—生平事迹—世界—少儿读物 Ⅳ.①K811-49

中国国家版本馆 CIP 数据核字（2024）第 020918 号

KEBEN LI DE RENWU DI 1 CE
课本里的人物 第1册

出 品 人	杨　政
编　者	王　莉　茆京来
绘　者	刘方铭
责任编辑	李菁菁　赵丽丽
责任校对	曾孝莉
封面设计	万　聪
责任印制	刘　元

出版发行　天地出版社
（成都市锦江区三色路 238 号 邮政编码：610023）
（北京市方庄芳群园 3 区 3 号 邮政编码：100078）
网　　址　http://www.tiandiph.com
电子邮箱　tianditg@163.com
经　　销　新华文轩出版传媒股份有限公司

印　　刷　北京天恒嘉业印刷有限公司
版　　次　2024 年 4 月第 1 版
印　　次　2024 年 4 月第 1 次印刷
开　　本　787mm×1092mm　1/16
印　　张　12
字　　数　201 千字
定　　价　35.00 元
书　　号　ISBN 978-7-5455-8154-6

版权所有◆违者必究

咨询电话：（028）86361282（总编室）
购书热线：（010）67693207（营销中心）

如有印装错误，请与本社联系调换

栏目介绍

课本出处
标明人物在课本中出现的位置，方便查找，同步学习。（个别人物因教材变化会略有变化）

名人档案
精选语文课本中涉及的古今中外人物，简要介绍其成就及贡献，让孩子们亲近历代先贤。

名人故事
立足新课标，精编人物故事，培养孩子们的阅读能力，让孩子们树立正确的人生观、价值观、世界观。

趣味百科
收集大量人文、科学等各种趣味知识，增强孩子们的阅读兴趣，拓展知识广度。

李 白
【诗仙】

课本出处
二年级·上册
古诗二首·望庐山瀑布

名人档案

李杜：李白与杜甫为"大李杜"；李商隐与杜牧为"小李杜"。

张旭：唐代书法家，有"草圣"之称。字伯高，苏州吴（今江苏苏州）人。

李白（701年—762年），唐代浪漫主义诗人，有"诗仙""诗侠""谪仙人"等称号。字太白，号青莲居士。与杜甫合称"李杜"。唐文宗御封李白的诗歌、裴旻（mín）的剑舞、张旭的草书为"三绝"。杜甫评价他："笔落惊风雨，诗成泣鬼神。"代表作品有《静夜思》《早发白帝城》《望庐山瀑布》《蜀道难》等。

名人故事

长庚星：中国古代民间对金星的一种称谓。金星又叫太白星，早上出现在东方时又叫明星、晓星、启明星，傍晚出现在西方时也叫长庚星、黄昏星。

相传李白的母亲梦见长庚星，而后生下了他，于是用"白"作他的名，用"太白"作他的字。李白10岁时，有一天做梦，梦到自己所用的笔，笔头上居然长出花来。果然，李白长大后才华横溢，所作的诗丰富高妙，闻名天下。这就是成语"妙笔生花"的来历。

成年后，李白从成都来到重庆，他想得到渝州刺史李邕的推荐。李邕比李白大20多岁，是当时的大文豪，提拔过很多文学新人，但他看不惯狂傲之人，所以对高谈阔论的李白不感兴趣。李白被请出李府后，

日积月累

泰戈尔的优美句子
★ 当你为错过太阳而哭泣的时候，你也要再错过群星了。
★ 天空中没有翅膀的痕迹，但我已经飞过。
★ 只有经历过地狱般的磨砺，才能练就创造天堂的力量；只有流过血的手指，才能弹出世间的绝响。

成语课堂

特立独行
释义：特：独特；立：立身。指保持独特高尚的品行，不随波逐流。
出处：《礼记·儒行》："世治不轻，世乱不沮；同弗与，异弗非也。其特立独行，有如此者。"
近义词：独善其身
反义词：随波逐流
接龙：特立独行→行将就木→木已成舟→舟中敌国→国泰民安→安身立命

趣味典故

骑红尘妃子笑
唐玄宗最宠爱的贵妃杨玉环爱吃荔枝，尤其爱吃南海产的荔枝。但荔枝不容易保鲜，所以每年都要快马加鞭地送到华清宫。人们看到快马卷起阵阵尘土，以为是传递重要信息。只有杨贵妃知道是新

成语故事

战国末期，韩非屡次上谏韩王，但因不善言谈，又受到权贵的排挤，其谏言始终不受重视，于是韩非将自己的见解写成《韩非子》一书。他在书中说，如果内政上不实行法治，而一天到晚把脑筋花在外交上，国家是不可能强盛的。俗话说："长袖善舞，多钱善贾。"意思是：穿着长袖的衣服跳舞容易跳得好看；做生意的人如果资金雄厚，经营事业就容易。治理国家也是一样的道理。国家强盛，可以做的事情就多；国家衰弱，很多事情都做不成。

后来，人们就用"长袖善舞，多钱善贾"来比喻做事有所凭借就容易成功。也比喻有钱、有势、有手段的人善于投机钻营。

日积月累
遴选大量经典诗词、好句好段，让孩子们在不知不觉中积累海量作文素材。

成语故事
拓展课本中出现的成语，通过有趣的故事，让孩子们看得懂，记得牢。

成语课堂
对课本中出现的重要成语，从释义、出处、近义词、反义词、成语接龙等多个角度进行讲解。

趣味典故
对相关人物故事中出现的常考成语，通过典故的方式，让孩子们真正理解成语，掌握成语。

目 录

骆宾王【神童诗人】　　　　　　　　　1
叶圣陶【语言大师】　　　　　　　　　6
李绅【同情农民的诗人】　　　　　　　11
阿·尼·托尔斯泰【苏联作家】　　　　15
伊索【古希腊寓言大师】　　　　　　　19
孟浩然【唐代山水田园诗人】　　　　　22
贾岛【善于推敲的诗奴】　　　　　　　26
白居易【诗王，唐代存世诗歌最多的诗人】　30
杨万里【陆游的老师】　　　　　　　　34
董其昌【明代山水画大师】　　　　　　39

唐寅【"江南四大才子"之一】　　　　43
曹操【建安文学的开创者】　　　　　　47
王之涣【大唐边塞诗人】　　　　　　　52
李白【诗仙】　　　　　　　　　　　　56
庄子【老子思想的继承人】　　　　　　61
柳宗元【中国游记的奠基人】　　　　　66
吕不韦【秦国投资人】　　　　　　　　71
王勃【"初唐四杰"之首】　　　　　　75
大禹【中国第一个王朝政权的开创者】　79
鲁班【工匠祖师】　　　　　　　　　　84

刘向【中国目录学的鼻祖】　　　　89
贺知章【诗狂】　　　　　　　　　93
老子【道家学说的创始人】　　　　98
孟子【亚圣】　　　　　　　　　　105
杜甫【诗圣，唐代伟大的现实主义诗人】　111
达·芬奇【西方"文艺复兴三杰"之一】　116
李时珍【药圣，《本草纲目》的作者】　120
泰戈尔【亚洲首位诺贝尔文学奖得主】　124
袁枚【清代文学家】　　　　　　　128
杜牧【唐代著名诗人】　　　　　　133

苏轼【诗神】　　　　　　　　　　138
叶绍翁【南宋田园诗人】　　　　　144
安徒生【丹麦童话大师】　　　　　147
格林兄弟【德国童话大王】　　　　150
罗丹【现代雕塑的先驱】　　　　　154
刘禹锡【诗豪】　　　　　　　　　158
王昌龄【诗家夫子】　　　　　　　163
司马光【《资治通鉴》的作者】　　169
白求恩【加拿大国际医生】　　　　174
墨子【墨家创始人】　　　　　　　177
荀子【战国思想家】　　　　　　　182

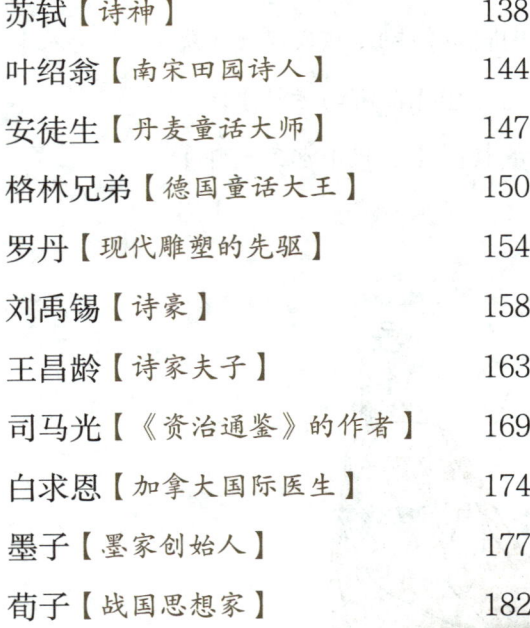

骆宾王

【神童诗人】

> 课本出处
> 一年级 - 上册
> 语文园地

名人档案

骆宾王（约638年—684年），唐代初期著名诗人。字观光，婺州义乌（今属浙江）人。曾任临海丞，后随徐敬业起兵反对武则天，兵败后下落不明。骆宾王出身寒门，号称神童，与王勃、杨炯、卢照邻合称"初唐四杰"。代表作品有《帝京篇》《咏鹅》等。

唐代：中国历史上强盛的朝代，由唐高祖李渊建立。

武则天：624年—705年，又称武媚娘，中国历史上唯一因执掌君权而得到正史承认的女皇帝。

名人故事

骆宾王自幼聪颖、有文才，7岁即能写诗，相传《咏鹅》这首诗便是他7岁时所作。全诗充满童趣和天真，清新可爱，活泼喜人，也是千百年来孩子们学习古诗时首先朗读背诵的一首好诗。

骆宾王在写诗时喜欢在对仗中使用数字对，如"秦塞重关一百二，汉家离宫三十六""小堂绮帐三千户，大道青楼十二重"等，因此人们送他一个雅号，叫作"算博士"。

他为人正直，曾说："类君子之有道，入暗室而不欺。"

他在担任侍御史时，因上书论事得罪了武则天，遭到诬陷，以贪赃罪名下狱。第二年秋天，武则天大赦天下，骆宾王出狱后曾到幽燕一带，写下了《易水送别》：

此地别燕丹，壮士发冲冠。
昔时人已没，今日水犹寒。

武则天称帝后，骆宾王对她特别不满，弃官而去。他一直希望把武则天赶下台，匡复李唐王朝。

684年，徐敬业起兵讨伐武则天，骆宾王作为徐敬业的幕僚，起草了著名的《讨武曌（zhào）檄》，痛斥武则天的种种行为。武则天读到檄文中"蛾眉不肯让人……狐媚偏能惑主"，只觉好笑，直到读到"一抔之土未干，六尺之孤何托"时大吃一惊，向左右大臣询问："这是谁写的？"有人回答说是骆宾王所作。

武则天非常不高兴地说："这是宰相的过失！骆宾王有如此才华，怎么能让他流失在外怀才不遇？"

讨伐武则天失败后，骆宾王不知去向。有人说他在灵隐寺出家为僧。

相传著名诗人宋之问贬谪途中到著名的灵隐寺游

宰相：中国古代辅助君主的最高行政官员的非正式通称，正式称谓有丞相、相国、尚书令、中书令、侍中等。现在称君主立宪国家的内阁首脑为首相，即得自"宰相"之名。

灵隐寺：又称云林禅寺，位于杭州西湖西北灵隐山麓中，是杭州历史悠久、景色宜人的游览胜地，也是中国十大古刹之一。

觉。一天夜里,他在长廊上漫步吟诗,冥思苦想却找不到好的句子。寺里有位老僧,点着长明灯,坐在大禅床上,问道:"年轻人,夜深了还不睡觉,有什么事啊?"宋之问回答道:"我刚才想对贵寺题诗一首,但思路不顺,出不了好句子。"于是,老僧按宋之问的意思,吟了一首,令宋之问大为震惊。

第二天,宋之问去拜访他时,却再也找不到了。寺中有知道底细的僧人说:"这位老僧就是骆宾王。"

骆宾王等人虽然兵败,但因为当初起兵是为了复兴唐朝,所以后来即使抓到了他们,也都设法为之开脱,把他们放了。只是经此一事,骆宾王的诗文大都散失了。

唐中宗即位后,下诏书搜求骆宾王的诗文,所收集到的几百篇仅仅是其全部诗文的一小部分,经过整理后以《骆宾王文集》之名传世。那首骆宾王帮宋之问作的《灵隐寺》诗,因为只有两句是宋之问所作,所以被后人收在《骆丞集》中。

《灵隐寺》一诗传出后,曾引起一时的轰动,特别是其中"楼观沧海日,门对浙江潮"两句,对仗工整、景色壮观,读之令人心胸舒展、豪情满怀,因此人们争相传抄。

宋之问:约656年—713年,唐代诗人。一名少连,字延清,汾州(治今山西汾阳)人。著有《宋之问集》。

唐中宗:李显,唐朝的第四和第六位皇帝。他的祖父(唐太宗)、父亲(唐高宗)、母亲(武则天)、弟弟(唐睿宗)、儿子(唐殇帝)和侄子(唐玄宗)皆为皇帝,这在中国史上极为少见。

学习园地

日积月累

在狱咏蝉
[唐]骆宾王

西陆蝉声唱,南冠客思深。
那堪玄鬓影,来对白头吟。
露重飞难进,风多响易沉。
无人信高洁,谁为表予心?

注释

◇西陆:指秋天。
◇南冠:楚冠,这里是囚徒的意思。
◇那堪:一作"不堪"。
◇玄鬓:指蝉的黑色翅膀,这里比喻自己正当盛年。
◇白头吟:乐府曲名。
◇露重:秋露浓重。
◇飞难进:是说蝉难以高飞。
◇响:指蝉声。
◇高洁:清高洁白。古人认为蝉栖高饮露,是高洁之物。

译文

深秋季节,寒蝉凄切地鸣唱,让我这个爱国忠心的囚徒无限惆怅。

怎么能忍受这秋蝉扇动乌黑双翅,对着我一头斑斑白发,不尽不止地长吟?

秋露浓重,蝉儿纵使展开双翼也难以高飞,寒风瑟瑟,轻易地把它的鸣唱淹没。

有谁相信秋蝉是这样清廉高洁呢?又有谁为我这个无辜而清正的人申冤昭雪呢?

成语课堂

暗室不欺

释义 在没有人看见的地方，也不做见不得人的事。形容心地光明。

出处 唐·骆宾王《萤火赋》："类君子之有道，入暗室而不欺。"

典故 春秋时期，卫国贤臣蘧伯玉严格遵守朝中礼制，夜间乘车经过卫灵公的宫殿，按照朝中礼制得下马车步行，他从来不因为夜间没人看见而不遵守这一礼节。卫灵公因此十分器重他，经常在朝堂上夸他暗室不欺。

近义词 光明磊落

反义词 居心叵（pǒ）测

接龙 暗室不欺→欺行霸市→市无二价→价廉物美→美中不足→足智多谋

趣味典故

南冠楚囚

晋侯视察军械库，问身边的人："戴着南方帽子的囚徒是谁？"身边的人说是楚国俘虏。晋侯让人把他放出来，问他身世，他回答说："我叫钟仪，是乐官。"晋侯问："能演奏音乐吗？"钟仪回答："这是先人的职责，岂敢从事其他？"晋侯命人给他一张琴，他弹奏了南方的乐调。

晋侯问："楚王怎么样？"钟仪回答说："这不是小人所能知道的。"晋侯再三追问，他回答："楚王做太子的时候，每天早晨向令尹婴齐、每天晚上向大夫侧去请教。我不知道别的了。"

晋侯将这件事告诉了范文子。范文子说："楚囚是君子啊！说出先人的官职，这是不背弃根本；演奏家乡的乐调，这是不忘记故旧；举出楚君做太子时候的例子，这是没有私心。君王何不放他回去，以促成晋、楚的友好关系呢？"晋侯听从了范文子，厚待钟仪，并让他回国去促成两国的友好。后用南冠楚囚比喻被羁囚的人不忘祖国。

叶圣陶

【语言大师】

> 课本出处
> 一年级 - 上册
> 小小的船

名人档案

叶圣陶（1894年—1988年），中国现代作家、教育家、出版家、社会活动家。原名叶绍钧，字秉臣，后改字圣陶，江苏苏州人，五四运动首个新文学社团——文学研究会的创立人之一，著有童话《稻草人》《古代英雄的石像》等。他开拓了中国现代童话创作的园地。

名人故事

叶圣陶出生在江苏一个普通家庭。很小的时候父亲就教他读书识字，还不到6岁，叶圣陶就认识了3000多个汉字；识字不多的母亲经常给他猜谜语、讲民间故事。父母的启蒙教育让他对知识充满了渴望。

6岁时，叶圣陶进入私塾读书。但父亲并没有让他"两耳不闻窗外事，一心只读圣贤书"，经常带他去走亲访友，感受家乡的风土人情，这培养了叶圣陶对底层人民的同情心。后来，他写出了著名的童话《稻草人》，揭示了底层人民的悲惨生活。

12岁时，叶圣陶入读苏州长元吴公立小学，请先

五四运动： 中国近代史上一次反帝反封建的爱国运动。1919年5月4日北京的学生游行示威，抗议巴黎和会上有关山东问题的决议，要求政府不可签约，并惩处相关官员。多地学生也游行示威，声援北京的学生。随后工人罢工、商人罢市、学生罢课，全国150多个城市相继卷入。

私塾： 也叫私学或学堂，是中国古代的私立学校或补习班，一般由教书人在自家住宅设立，入学者多为六七岁孩子。私塾分为"蒙馆""经馆"。蒙馆主要是启蒙识字，经馆的教学内容与科考有关。

生章伯寅取一个立志于爱国强国的字。章先生说："你名绍钧，有诗曰'秉国之钧'，取'秉臣'为字好。"苏州在辛亥革命中光复后，他又找到章伯寅先生说："清廷已覆没，皇帝被打倒了，我不能再做臣了，请先生改一个字。"先生笑了笑说："你名绍钧，有首诗说'圣人陶钧万物'，就取'圣陶'为字吧。"后来，他把"叶圣陶"作为笔名。

叶圣陶升入中学后，不但喜欢阅读各种小说，还与同学们一起组织各种读书会。中学毕业后，因家庭贫穷，不能继续学业，17岁的他成为一名小学老师。任教期间，他大胆进行教育改革。

他认为，教育应该教给学生学习的方法，而不是一味灌输书本知识，否则就与教育的目的南辕北辙了。他教育孩子时会另辟蹊径，因材施教。

有一次，叶圣陶在校园里无意间看到一个男孩举起一块大砖头，正想向另一个男孩砸过去，赶紧上前制止了他，并请举砖头的孩子放学后到办公室去一下。

放学后，叶圣陶来到办公室，发现男孩已站在那里等他。叶圣陶温和地递过去一块糖果，并说："你来得比我准时，这说明你很守时，奖励你的。"之后又拿出第二块糖果，说："你能听从我的训斥把砖头放下，这是你对我的尊重，为了这一点，我奖励你第二块糖果。"男孩半信半疑地接了过去。

这时，叶圣陶又拿出了第三块糖果，说："听其他学生说，你要打的那个人欺侮女生，所以你才动手教训他。从小就有正义感，这是奖励你的第三块糖。"

当叶圣陶拿出第四块糖时，男孩已经泪流满面，有悔改之意。叶圣陶接着说："你已经知道武力不能解

辛亥革命：指推翻满族建立的清代，建立共和制的全国性革命。自1911年10月10日武昌起义爆发开始，至1912年2月12日宣统帝发表退位诏书为止。

决问题，意识到自己错了，因此我把最后一块也给你，奖励你有知错就改的好品质。"

叶圣陶花费许多时间在编辑和出版工作上，他说："如果有人问我的职业，我会说，我的第一职业是编辑，我的第二职业是老师。"上海商务印书馆是叶圣陶编辑工作的起点，1923年，他成为这里的编辑。1930年底，叶圣陶辞去上海商务印书馆的工作，成为开明书店的编辑，开始编辑中文书籍和儿童故事书。

叶圣陶不但是一位杰出的教育家、编辑，还是一位伯乐。他培养和发掘了许多杰出的作家和编辑，如巴金、丁玲、戴望舒。

20世纪40年代，叶圣陶应某大学聘请担任教授。作为一个很有名气的作家，这不是他首次在大学任教，可是他到校后，在自己的经历栏中只写了4个字：小学教师。由此可以看出，小学教师在叶圣陶心中是多么光荣的职业，他又是多么低调，甘愿成为一名普通教师。

新中国成立之后，叶圣陶把主要精力放在了教育工作上。他主张引导和启发式教学，在教育、小学语文教学、汉语规范化方面都做出了贡献。

学习园地

日积月累

叶圣陶的优美句子

★ 读书，让生活有温度，让灵魂有湿度，让生命有深度。阅读是一门技术，也是一门艺术。你可能从未发现，阅读竟然如此有趣。

★ 谎言没有翅膀，却比有翅膀的飞得还快；流言没有尖锐的角，却深深刺入人们的心。

★ 他心碎了，怕看又不能不看，就胆怯地死盯着站在河边的黑影。

成语课堂

另辟蹊径

释义 辟：开辟；蹊径：途径。另外开辟一条路。比喻另创一种风格或另找一条途径或方法。

出处 叶圣陶《倪焕之》："对于这样另辟蹊径的教育宗旨与方法，自己确有坚强的信念。"

近义词 独辟蹊径、匠心独运

反义词 随波逐流、萧归曹随

接龙 另辟蹊径➡径行直遂➡遂心如意➡意味深长➡长年累月➡月黑风高

成语故事·萧规曹随

萧何和曹参深得刘邦的信任与赏识。刘邦统一天下后，封萧何为丞相。萧何根据国情制定了相应的制度和法令。曹参原本与萧何的交情很好，萧何做丞相之后，两人之间有了嫌隙，彼此就渐渐疏远。但萧何在临死前仍然向刘邦推荐曹参来继任丞相。

曹参继任丞相后，认为当初萧何在任的时候一切法令就规定得很明确，于是全盘继承。后来，这个故事被浓缩成"萧规曹随"，用来指后人沿袭前人的遗制。

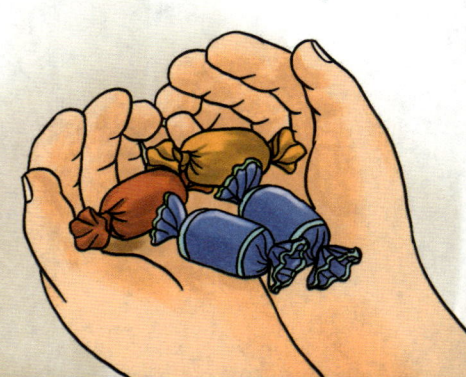

趣味典故

南辕北辙

◇辕：车前驾牲畜的两根横木，引申为车。
◇辙：车轮滚过的痕迹，引申为道路。

战国时期，魏王想出兵攻打赵国首都邯郸。大臣季梁得知这个消息，立即从旅途中折返，想劝阻魏王。他一回到魏国，顾不得衣服的脏乱和满身的尘土，便匆匆忙忙地赶去见魏王。

他对魏王说："今天我在回来的路上遇到一个人，驾车往北方走，他告诉我，他要去楚国。

"我对他说：'你要去的楚国在南方，怎么往北方走呢？'

"他回答说：'没关系，我的马跑得快。'

"我说：'虽然你的马跑得快，但这不是去楚国的路啊，这样走你会离楚国越来越远的。'

"他说：'我带的路费、干粮很多，路远不要紧。'

"我说：'虽然你钱粮多，但这不是去楚国的路啊，这样走你是到不了楚国的。'

"他自信地说：'我的车夫驾车技术特别好，不用担心。'"

季梁讲完这个故事，接着说："因为他是往相反的方向走的，马跑得越快、旅费越多、车夫越好，他离楚国就越远。今天大王您想成就霸业，取信于天下诸侯，依仗强大的军力去攻打赵国，想借此扩充领地，提高声望，其实这样的举动越多，越失信于天下，离成就霸王事业的心愿也就越远，这正像想到楚国却往北方走一样，永远达不到目的！"

后来，这个故事被浓缩为成语"南辕北辙"，指本想往南，而车却向北行。比喻行动跟目的相反。

李 绅

【同情农民的诗人】

> 课本出处
> 一年级-上册
> 语文园地

名人档案

李绅（772年—846年），唐代诗人，大臣。字公垂，无锡（今属江苏）人，科举进士。与白居易、元稹关系深厚，并共同倡导新乐府运动。因其作品短小精悍，时号"短李"。代表作品有《悯农》诗二首。

进士：中国古代科举制度中通过最后一级中央朝廷考试者，称为进士。原是科举的科目之一。元代以后，进士成为科举功名的最高等级。民间又称考中进士为"金榜题名"。

新乐府运动：由白居易、元稹、李绅等共同提倡的文学改革运动，与韩愈、柳宗元提倡的古文运动相互呼应。"新乐府"是唐人自立新题的乐府诗，与汉乐府的主要不同之处在于新乐府不入乐。

翰林学士：官名，唐玄宗时设立。供职于翰林学士院，担当起草诏书的职责，有"内相"之称。是当时知识分子中的精英。

名人故事

唐代大诗人李绅自幼好学，6岁时他父亲死于县令任上，而后由母亲教育。27岁中了进士，皇帝见他才学出众，提拔他为翰林学士。

有一年夏天，李绅回乡探亲访友，恰遇浙东节度使李逢吉回朝奏事。两人是同榜进士，又是朋友，久别重逢，自然要聚一聚。

这一天，李绅和李逢吉登上城东观稼台，遥望远方，心潮起伏。李逢吉感慨之余，吟了一首诗，最后两句是："何得千里朝野路，累年迁任如登台。"意思是，要是升官像登台这样快就好了。

李绅却被另一种景象感动了。他看到田野里的农夫在炙热的太阳下锄地，不禁感慨万分，于是吟道：

锄禾日当午，汗滴禾下土。
谁知盘中餐，粒粒皆辛苦。

李逢吉听了，连说："兄长果然名不虚传。这首诗太好了！一粥一饭都来之不易。"

李绅接着又吟道：

春种一粒粟，秋收万颗子。
四海无闲田，农夫犹饿死。

李逢吉回到住处后，对李绅说："老兄能不能把你刚才吟的两首诗抄下来送给我，也不枉你我二人同游一场。"李绅写好递给李逢吉。第二天，李逢吉便辞别李绅进京了。李逢吉表面上恭维李绅，其实是想拿他做垫脚石获得晋升。来到京城，李逢吉面见皇帝时说："启禀万岁，今有翰林学士李绅写反诗发泄私愤。"

唐武宗大吃一惊，忙问："何以见得？"李逢吉拿出李绅的诗奉上。唐武宗召见李绅，拿出那首诗询问。

李绅看了看，说道："这是微臣回乡后目睹民生疾苦写下的，望陛下体察。"

唐武宗说："久居高堂，忘却民情，朕之过也，亏卿提醒。今朕封你为尚书右仆射，以便共商朝事，治国安民。"唐武宗又说："此事多亏李逢吉举荐。"李绅对李逢吉感激不尽。而李逢吉听说李绅不降反升，又惊又怕，正胆战心惊时，李绅登门了。原来是虚惊一场，李绅是来向他表示谢意的。

后来，李绅不断升迁，官至司空。位居高位后，李绅也渐渐忘了百姓的疾苦，生活铺张浪费。他招待刘禹锡时场面宏大，刘禹锡看了不禁感叹："司空见惯浑闲事，断尽江南刺史肠。"

学习园地

日积月累

悯农（二首）
[唐]李绅

锄禾日当午，汗滴禾下土。
谁知盘中餐，粒粒皆辛苦。

春种一粒粟，秋收万颗子。
四海无闲田，农夫犹饿死。

注释
- 悯：怜悯。这里有同情的意思。
- 禾：谷类植物的统称。
- 粟：粮食的统称。
- 秋收：一作"秋成"。
- 子：指粮食颗粒。
- 四海：指全国。
- 闲田：没有耕种的田地。
- 犹：仍然。

译文

盛夏中午，烈日炎炎，农民还在劳作，汗珠滴入泥土。有谁想到我们碗中的米饭，一粒一粒都是农民辛苦劳动得来的呀？

只要春天播下一粒种子，秋天就可收获很多粮食。普天之下，没有荒废不种的田地，却仍有劳苦农民被饿死。

成语课堂

名不虚传

释义 虚：假。流传开来的名声不是虚假的。指实在很好，不是空有虚名。

出处 西汉·司马迁《史记·游侠列传》："然其私义，廉洁退让，有足称者。名不虚立，士不虚附。"

近义词 名下无虚、名副其实

反义词 徒有虚名、名不副实

接龙 名不虚传→传宗接代→代人受过→过目不忘→忘恩负义→义无反顾

趣味典故

司空见惯

唐代诗人刘禹锡因参与政治革新被贬官，之后仕途非常不顺，屡经波折，好不容易才从和州刺史的官职上调回京城长安任职。曾经担任过司空的李绅，久仰刘禹锡的才名，设宴款待他。酒席宴上，李绅还安排了一位年轻貌美的歌伎表演助兴。

刘禹锡看到李绅随手一摆，就是这么盛大的场面，想必早已见惯了，不禁感慨万千，当场赋诗一首："高髻云鬟宫样妆，春风一曲杜韦娘。司空见惯浑闲事，断尽江南刺史肠。"刘禹锡曾经在江南担任过刺史，所以在诗中他自称"江南刺史"。

后来，从这个故事演变出成语"司空见惯"，意思是，司空经常看到，见怪不怪了。现表示看惯了就不觉得奇怪了。

刺史：古代官名，本为御史的一种，始于汉代，其等级和职权范围随朝代不同而多有变迁，但多是各地方重要官员。"刺"是检核问事的意思，即监察之职。"史"为"御史"之意。

阿·尼·托尔斯泰

【苏联作家】

> 课本出处
> 一年级 – 上册
> 拔萝卜

名人档案

阿·尼·托尔斯泰（1883年—1945年），苏联著名作家，俄罗斯文学的语言大师，以创作历史小说和科幻小说出名。代表作品《苦难的历程》被公认为长篇英雄史诗杰作。

苏联：1922年底，俄罗斯、乌克兰、白俄罗斯和外高加索联邦4个苏维埃社会主义共和国组成"苏维埃社会主义共和国联盟"，简称"苏联"，后来发展到15个加盟共和国。至1991年12月，苏联解体。

名人故事

阿·尼·托尔斯泰的父亲是位伯爵，母亲是儿童文学作家。他在家里接受启蒙教育，母亲教他阅读和写作，父亲则大声朗读母亲的作品给他听。因为父母对他要求都不严格，所以他学习不够专注，充满了各种各样的幻想。

托尔斯泰从小就显露出非凡的文学天赋。他10岁时，母亲敦促他写故事。在母亲的鼓励下，他的写作信心十足，写作能力也得到快速提升。

托尔斯泰14岁时才被送进学校，第二年上了高中。在高中期间，他主要学习物理、化学、工程学等实用性课程。

直到17岁时父亲去世，托尔斯泰身上自由散漫的习性才烟消云散，他开始努力学习。他克服了以前睡懒觉的习惯，每天学习13个小时，而后用一年的时间考入彼得堡工学院。

然而，托尔斯泰对写作的兴趣大于实用性的工科课程，因此他中途退学，投身文学创作。

在兴趣的指引下，他创作了《苦难的历程》三部曲等优秀作品，其中很多作品被改编拍摄成电影。他还写了许多深受儿童喜爱的童话故事，比如《拔萝卜》《狼和小山羊》。

狼和小山羊

从前有一只母山羊和一群小山羊。山羊妈妈每天到树林里去吃柔嫩的青草，喝冰凉的泉水。它一离开家，小羊们就关上门，哪儿也不去。山羊妈妈回来时，就敲敲门，唱支歌：

小羊乖乖，把门开开，

妈妈回家，带来鲜奶。

小羊们打开门，让妈妈进了屋。山羊妈妈给它们喂奶、喂水，然后就又到树林里去了。小羊们仍把门紧紧关上。

狼偷听了山羊妈妈的歌。有一次，趁山羊妈妈又离开家的时候，狼跑到小木房前，压低声音嗥道：

孩子们！

小山羊们！

把门开开，

你们的妈妈回来了，

带来了羊奶。

小羊们应声道：

"听见了，听见了，可这不是妈妈的声音，妈妈唱歌是细嗓音，不是这么难听的嗥叫。"

狼无计可施。它跑到铁匠铺，要铁匠重新给它打一副细嗓子，好用细嗓子来唱歌。铁匠给它改了嗓子。狼又跑回小木房，躲在灌木丛后面。

这时，山羊妈妈回来了：

小羊乖乖，把门开开，

妈妈回家，带来鲜奶。

小羊们让妈妈进了屋，告诉它，狼来过，想吃它们。

山羊妈妈给它们喂奶、喂水，十分严厉地叮咛道："如果有谁上这小木房来，用压低了的嗓子叫门，不能把我的歌从头至尾唱完，就千万不要开门放它进屋。"

山羊妈妈一离开，狼就又闪了出来，跑到小木房前，用细的嗓子唱起来：

小羊乖乖，把门开开，

妈妈回家，带来鲜奶。

小羊们打开门，狼冲进屋子，把小羊都吃了。只有一只小山羊躲在炉子后面，幸存了下来。

山羊妈妈回来了。它见门大开着，便赶紧跑进屋子。屋里空荡荡的，它瞧了瞧炉子后面，找到了剩下的那只小山羊。

山羊妈妈知道发生了不幸。它悲痛万分，痛苦地哭起来：

孩子啊，我的小乖乖！

为什么要去把门儿打开？

却让那恶狼将你们害！

狼听见山羊妈妈的哭声，就跑来对它说：

"你可别冤枉了我，羊大姐，不是我吃了你的小山羊。快别伤心了，还是让我们上树林里去散散步吧。"

它们一起来到树林里。那里有一个坑，坑里燃着一堆篝火，山羊妈妈就对狼说："狼先生，让咱们试试看，谁能跳过这个坑？"

山羊一纵身跳了过去。可狼一跳，却掉进了滚烫的坑里。

狼的肚子让火一烤，胀破了。小山羊从里面蹦了出来，一个个都活蹦乱跳地向妈妈扑去。它们又像从前一样快快乐乐地过起了日子。

学习园地

日积月累

阿·尼·托尔斯泰的优美句子

★ 一年年过去,我把大好光阴都丢失了,这才叫人伤心呢。

★ 在清水里泡三次,在血水里浴三次,在碱水里煮三次,我们就会纯净得不能再纯净了。

★ 那是三月里一个阴暗的早晨,湿冷的乌云在城市上空翻滚,屋顶上的雪化了,大冰溜不住地往下坠落,沉重的空气充满着香味,令人激动不安。

成语课堂

烟消云散

释　义　像烟和云消散净尽。比喻事物消失得干干净净,不见踪影。

出　处　南宋·朱熹《朱子全书》:"使一日之间,云消雾散,尧天舜日,廓然清明。"

近义词　销声匿迹、云消雾散

反义词　烟雾弥漫

接　龙　烟消云散→散兵游勇→勇往直前→前仆后继→继往开来→来龙去脉

◇ 来龙去脉:旧时风水先生称山脉的起伏为"龙",其主峰称为"来龙";山谷中的溪流称为"脉",而其主流则称为"去脉"。"来龙去脉"指从头到尾像脉管一样连贯着的地势,后用以比喻事情的首尾始末。

伊索

【古希腊寓言大师】

> **课本出处**
> 一年级-上册
> 乌鸦喝水

名人档案

伊索（约公元前6世纪），古希腊寓言大师，世界三大寓言家之一。生平不详，甚至难以肯定是否真有其人。传说他是古希腊的一个奴隶，曾被转卖多次，后因才智过人获得自由。相传代表作品有《伊索寓言》。

世界三大寓言家：古希腊的伊索、俄国的克雷洛夫、法国的拉封丹。

古希腊：希腊的一个历史时期。通常指爱琴诸文明在罗马人征服前的全部历史。由于古希腊文明被古罗马吸收并带到欧洲的许多地区，因此一般认为古希腊文明为西方文明打下了基础。

名人故事

伊索是公元前6世纪古希腊的一位寓言家，生活在小亚细亚。他可能是埃塞俄比亚人，后来在古希腊的萨摩斯岛为奴，因博学多才被释放，成为自由人，可以参与公共事务，曾经游历希腊各城邦。

传说中的伊索，面貌不俗，黝黑、高大、结实、短臂、厚唇。他善讲寓言故事，去雅典时，给雅典人讲了寓言《请求派王的青蛙》。到萨狄斯后，他受到吕底亚城邦国王克罗伊斯的器重和信任，多次奉命处理外交事务。有一天，克罗伊斯请他带一批黄金去德尔菲分给当地的公民，但他对当地人的贪婪感到不满，与居民发生了争吵，于是将黄金运回，引起了当地人的极大不满。当地人指控伊索说话亵渎，最后将他推下悬崖，伊索因此丧命。

伊索讲寓言故事全凭记忆，而且善于表现动物之间的互动，如《狐狸与葡萄》《农夫与蛇》《龟兔赛跑》《狼来了》等，这些都已成为全世界家喻户晓的故事。

农夫与蛇

冬天，农夫发现一条蛇冻僵了，他很可怜它，便把蛇放在自己怀里。蛇温暖后，苏醒过来，恢复了它的本性，咬了它的恩人一口，使他受到了致命的伤害。农夫临死前说："我该死，我怜悯恶人，应该受恶报。"

这故事说明，即使对恶人仁至义尽，他们的邪恶本性也是不会改变的。

狼来了

有个放羊娃赶着羊群到很远的地方去放牧。他喜欢说谎，经常大声向村里人呼救，谎称有狼来袭击他的羊群。开始两三回，村里人都惊慌得立刻跑来，被他嘲笑后，没趣地走了回去。后来，有一天，狼真的来了，窜入羊群，大肆追咬。放羊娃对着村里拼命呼喊救命，村里人却认为他又在像往常一样说谎、开玩笑，没有人再理他。结果，他的羊全被狼吃掉了。

这故事说明，那些常常说谎话的人，即使再说真话也无人相信，这就像烽火戏诸侯的故事。

学习园地

日积月累

伊索的优美句子

★ 不幸的人会以别人的更大不幸来安慰自己。

★ 抓在手中的东西虽小,也胜过美妙的幻想。

★ 说谎话的人所得到的,就只是即使说了真话也没有人相信。

成语课堂

家喻户晓

释 义 喻:明白;晓:知道。家家户户都知道。形容事情、名声传布极广。

出 处 南宋·楼钥《缴郑熙等免罪》:"而遽有免罪之旨,不可以家谕户晓。"

近义词 尽人皆知、众所周知

反义词 默默无闻

接 龙 家喻户晓→晓风残月→月朗风清→清闲自在→在此一举→举手投足

趣味典故

烽火戏诸侯

褒姒虽然当上王后,儿子被立为太子,但她很少有笑容。周幽王为了取悦她,举烽火召集诸侯于骊山前。诸侯匆忙赶到,却没见到敌人,只见周幽王和褒姒在台上饮酒作乐,只好狼狈地退走,褒姒见此情形终于开心地大笑了。周幽王见褒姒开心,于是经常点燃烽火戏弄诸侯。

后来,北方犬戎部落大举进攻镐京,周幽王举烽火示警,诸侯以为又是骗局而不愿前往。最后,犬戎攻破镐京,杀死了周幽王。

孟浩然

【唐代山水田园诗人】

> 课本出处
> 一年级-下册
> 语文园地

名人档案

孟浩然（689年—740年），盛唐时期著名诗人。字浩然，号孟山人，唐代襄州襄阳（今湖北襄阳）人，又称孟襄阳。孟浩然早年曾隐居鹿门山，故后人称他孟鹿门、鹿门处士，与王维并称为"王孟"。他与王维、李白、张九龄交好，开盛唐山水诗之先声。代表作品有《过故人庄》《春晓》等。

张九龄：673或678年—740年，唐代诗人。韶州曲江（今广东韶关西南）人，唐代第一位出身岭南的宰相。

山水诗：诗歌的一种。以山水名胜为描写对象，有的表现山水自然秀美壮丽的景色，有的通过山水风光，抒发自己的思想情趣。代表人物有谢灵运、孟浩然、王维等。

名人故事

孟浩然出身于书香门第，他在诗歌方面的造诣很高，且不重名利。年轻时的孟浩然一直过着隐居生活，他对陶渊明特别崇拜，认为陶渊明式的隐居生活很高雅。

727年，孟浩然进京参加进士考试却落了榜，这对他打击很大。他想给皇帝上书，但又犹豫不决，心里满腹牢骚。在复杂的心绪中，他写下了《岁暮归南山》一诗：

北阙休上书,南山归敝庐。
不才明主弃,多病故人疏。
白发催年老,青阳逼岁除。
永怀愁不寐,松月夜窗虚。

有一天,好友王维邀请孟浩然探讨诗歌,谈笑间,门外有人高喊:"皇上驾到。"孟浩然一听皇帝来了,吓得赶紧趴到床下藏起来。等唐玄宗进屋后,王维不敢隐瞒,就向唐玄宗如实禀报了,并说孟浩然学识过人。

爱惜人才的唐玄宗听了,高兴地说:"我经常听人说起这个人,却从来没见过。"于是命孟浩然出来。孟浩然出来后跪拜两次,皇帝问他:"你带诗卷来了吗?"

孟浩然回答说:"这次碰巧没带着。"

唐玄宗就命他即兴赋诗一首。

慌乱中,孟浩然竟然想起自己带着情绪作的《岁暮归南山》。当他吟诵到"不才明主弃,多病故人疏"时,唐玄宗很生气,说:"我没有嫌弃你,是你自己不想当官,你怎能诬陷我嫌弃你呢?"于是下旨放孟浩然回终南山。

多年以后,郡守韩朝宗邀孟浩然到京城,并与他约好日子带他去拜见其他官员。不巧孟浩然家里有老朋友来了,他和朋友喝酒谈诗,非常高兴,有人提醒他与韩公有约在先,不应该怠慢了韩公。他不以为然地说,我已经喝了酒了,身心快乐,哪管其他事情。

孟浩然虽然一生未能做官,但他诗名远扬。时任丞相的张九龄和王维等京官都来和他交朋友。他喜欢在雪天骑着毛驴在山里寻找梅花,以激发写诗的灵感。相传有一次雪后天晴,他和王维、李白、张九龄、张

唐玄宗:李隆基,唐朝第九位皇帝,是盛唐最著名的帝王之一。他在位44年(712年—756年),然后退居太上皇共6年,享年77岁,是唐朝在位最久与最长寿的皇帝。玄宗一生充满传奇色彩,他多才多艺,琴棋书画亦皆精通,尤其擅长音律和书法,至今留下许多乐曲、诗歌、书法作品等。

韩朝宗:唐玄宗时期的官员,乐于提拔晚辈,当时的读书人都希望能进入他的门下,期盼有朝一日为朝廷所用。李白年轻时曾写信给韩朝宗,希望他推荐自己,让自己能扬眉吐气。

黄鹤楼：位于湖北武汉武昌，共5层，高50.4米。始建于三国时期（223年），现在的黄鹤楼是1985年异址重建的。历代诗人以此赋诗，其中唐代诗人崔颢（hào）的《黄鹤楼》更使黄鹤楼名扬天下。

黄鹤楼
[唐]崔颢

昔人已乘黄鹤去，
此地空余黄鹤楼。
黄鹤一去不复返，
白云千载空悠悠。
晴川历历汉阳树，
芳草萋萋鹦鹉洲。
日暮乡关何处是？
烟波江上使人愁。

说、李华、郑虔出蓝田关游龙门寺，后人为此画了一幅画叫《七贤过关图》。

孟浩然的朋友大多是文坛的大人物，比如李白。李白不仅赠诗给他，还在他远游时为他送行，这就有了著名的《黄鹤楼送孟浩然之广陵》：

故人西辞黄鹤楼，烟花三月下扬州。
孤帆远影碧空尽，唯见长江天际流。

大诗人王维曾与孟浩然同在京城，孟浩然在归乡时写了《留别王维》相赠，诗中有这样四句：

欲寻芳草去，惜与故人违。
当路谁相假，知音世所稀。

开元末年，王昌龄游历到襄阳，特地拜访孟浩然。不巧孟浩然背疾刚好，大夫叮嘱他千万不能吃鱼。但是多年的老友相见，孟浩然早把大夫的叮嘱抛到了九霄云外，两人开怀畅饮，大口吃鱼。王昌龄走后，孟浩然病情加重，不久去世。

学习园地

日积月累

过故人庄
[唐]孟浩然

故人具鸡黍，邀我至田家。
绿树村边合，青山郭外斜。
开轩面场圃，把酒话桑麻。
待到重阳日，还来就菊花。

注释
- 过：拜访。
- 具：准备，置办。
- 黍（shǔ）：黄米，古代认为是上等的粮食。
- 合：环绕。
- 郭：古代城墙有内外两重，内为城，外为郭。这里指村庄的外墙。
- 斜（xié）：倾斜。另有古音念 xiá。
- 轩：窗户。
- 场圃（pǔ）：场，打谷场、稻场；圃，菜园。
- 话桑麻：闲谈农事。
- 还（huán）：返，来。
- 就菊花：指饮菊花酒，也是赏菊的意思。就，靠近，指去做某事。

译文

老朋友准备丰盛的饭菜，邀请我到他田舍做客。翠绿的树林围绕村落，青山在城郭外隐隐横斜。推开窗户面对谷场菜园，共饮美酒，闲谈农务。等到重阳节到来时，我还要来这里观赏菊花。

成语课堂

不以为然

释义 然：是的，对的。不认为是对的。表示不同意或轻蔑。

出处 北宋·苏轼《再乞罢详定役法状》："右臣先曾奏论前衙一役，只当招募，不当定差，执政不以为然。"

近义词 嗤之以鼻、不敢苟同

反义词 五体投地、仰承鼻息

贾 岛
【善于推敲的诗奴】

> 课本出处
> 一年级－下册
> 语文园地

名人档案

贾岛（779年—843年），唐代著名诗人，有"诗奴"之称。字浪仙，自号碣石山人。范阳（治今河北涿州）人，科举进士。擅长五言律诗，意境多孤苦荒凉。贾岛与孟郊是好朋友，两人风格相似，平生际遇相当，又都讲究苦吟推敲，所以后世称其文"郊寒岛瘦"。

律诗：诗体名，常见的有五言律诗和七言律诗。律诗通常为八句，超过八句的称为排律。除此之外，还有一种特别的律诗，只有六句，称为小律、三韵律诗，或三韵小律。律诗押韵严格，第二、四、六、八句须押韵，第一句可押可不押，第三、五、七句不可押韵。

名人故事

贾岛早年参加科举考试屡战屡败，导致一贫如洗，就出家做了和尚，法号无本。

贾岛是著名的苦吟诗人，他每天都要写诗，一天不写诗，心里就难受，如同那废弃的水井一样干枯。

一日不作诗，心源如废井。
笔砚为辘轳，吟咏作縻绠。
朝来重汲引，依旧得清冷。
书赠同怀人，词中多苦辛。

科举考试：一种通过考试来选拔官员的制度，源自中国，并传播至汉字文化圈其他国家。科举始于隋朝，发展并成型于唐代，一直延续到清代末年，1905年才被废除。

贾岛作诗喜欢一字一句地反复推敲。他自己曾在诗中说："两句三年得，一吟双泪流。知音如不赏，归卧故山秋。"

有一天，贾岛骑着瘦驴在京城长安的大街上行走，突然刮起一阵秋风，树上的叶子纷纷落下。这种情景一下触发了贾岛的灵感，他吟道："落叶满长安。"可是怎么也想不出与之对仗的句子。他魂不守舍地连连苦吟，终于想到了"秋风生渭水"。

得到这么好的诗句，贾岛得意忘形，在驴背上反复吟诵。不想这时官府的大队人马巡游过来，他不觉间误入了仪仗队，因此被护卫捉拿，被关了一夜才放出来。

后来，贾岛又因沉迷于诗句的推敲，骑驴闯入京兆尹韩愈的马队，但这一次结局完全不同。韩愈不但没有怪罪他，还指导他写诗，由此两人成为好朋友。贾岛还在韩愈的影响下，还俗参加科举，并考中进士。他和韩愈关于"推敲"的故事，成为美谈。

京兆尹：古时京城所在地的行政长官，相当于首都的市长。

贾岛刚中进士时，寄居在法乾寺僧人无可的住所。有一天，皇帝便服出行来到法乾寺，听到钟楼上有人吟诗，就登上楼来，从贾岛的书桌上拿起诗卷看。贾岛不认识皇帝，以为是纨绔子弟，便生气地捋（luō）起袖子，一把夺过诗卷，斜视着皇帝说："您衣着光鲜华丽，哪懂这个呀？"

皇帝转身而去，不久便颁下旨意，将贾岛贬为长江县主簿。所以后世也称贾岛为贾长江，他的作品集也叫《长江集》。

学习园地

日积月累

题李凝幽居
[唐]贾岛

闲居少邻并，草径入荒园。
鸟宿池边树，僧敲月下门。
过桥分野色，移石动云根。
暂去还来此，幽期不负言。

注释
◇池边：一作"池中"。
◇分野色：山野景色被桥分开。
◇云根：古人认为"云触石而生"，故称石为云根。这里指石根云气。
◇幽期：时间非常漫长。
◇负言：指食言，不履行诺言，失信的意思。

译文

悠闲地住在这里，很少有邻居来，杂草丛生的小路通向荒芜小园。

鸟儿自由地栖息在池边的树上，皓洁的月光下僧人正敲着门。

归途中走过桥看到原野迷人的景色，云脚在飘动，山石也好像在移动。

我暂时离开这里，不久就将归来，相约共同归隐，到期绝不失约。

成语课堂

得意忘形

释义 形：形态。本义为取其精神而遗其形式。后也形容人高兴得失去常态。

出处 《晋书·阮籍传》："嗜酒能啸，善弹琴。当其得意，忽忘形骸。"

近义词 忘乎所以、得意扬扬

反义词 垂头丧气、灰心丧气

接龙 得意忘形→形影不离→离题万里→里应外合→合情合理→理屈词穷

趣味典故

推敲的来历

贾岛拜访李凝时，即兴吟了一首《题李凝幽居》，其中两句是："鸟宿池边树，僧推月下门。"第二天，他骑驴途中觉得"推"字不太恰当，想改为"敲"字，但又无法确定。他边思考边反复做推门和敲门的动作，无意中冲撞了京兆尹韩愈的仪仗队。韩愈十分生气地说："你骑驴怎么低着头不看看前面？"

贾岛连忙下驴向韩愈赔礼，并解释自己因为专心琢磨"推""敲"二字，不及回避。韩愈听后转怒为喜，深思一会儿说："'敲'字好。在万物沉睡的安静夜晚，敲门声更能表达幽静和客人的礼貌。静中有动，岂不更妙？"

贾岛听了，于是把诗句定为"僧敲月下门"。这就是"推敲"一词的来历。

白居易

【诗王，唐代存世诗歌最多的诗人】

课本出处
一年级-下册
古诗二首-池上

名人档案

白居易（772年—846年），唐代文学家，有"诗魔"和"诗王"之称。字乐天，晚年号香山居士、醉吟先生，太原（今山西太原西南）人，后迁居华州下邽（guī）（今陕西渭南北），科举进士。与李白、杜甫齐名。因与元稹友谊深厚，世称"元白"；晚年与刘禹锡唱和很多，人称"刘白"。他的诗歌现存近3000首，是唐代存世诗歌最多的诗人。代表作品有《长恨歌》《琵琶行》《赋得古原草送别》《钱塘湖春行》《暮江吟》《忆江南》等。

元稹：779年—831年，唐代诗人。早年和白居易共同提倡"新乐府"。他的诗句"曾经沧海难为水，除却巫山不是云"广为流传。《西厢记》就改编自他的作品《莺莺传》。

名人故事

白居易喜欢读书，过目不忘。他不但天赋很好，而且是全唐朝最勤奋的诗人，现存诗歌近3000首，而全唐诗包括残篇也只有万首左右。他自称白天作赋，晚上练字，还不时写诗，整天不间断地吟诗写字，后来舌头长疮，手肘都磨出了厚茧。

他初次参加科举考试时没有名声，于是在考前带着自己的诗去拜见顾况，希望得到顾老前辈的指导和推荐。

顾况很有才华，但为人高傲，很少称赞无名之辈的诗文。他接过诗稿看到上面的名字，凝视着白居易说："长安米价很贵，恐怕白居不易。"

等到翻开诗稿，读到"离离原上草，一岁一枯荣。野火烧不尽，春风吹又生"时，他不禁拍案叫绝，马上改变语气，郑重地说："能写出如此的诗句，白居也易！"从此，白居易诗名大振。

白居易27岁开始参加科举考试，第二年就中了进士。当年全国只有17人中进士，而白居易是最年轻的一位。在唐代，新科进士除了戴花骑马遍游长安，还要雁塔登高，留诗题名，象征由此步步高升。白居易考中进士后，登上雁塔，写下了"慈恩塔下题名处，十七人中最少年"的诗句。

白居易的诗通俗易懂，所以传诵广泛。相传他每次写好诗后，都虚心地念给老妇人听，修改到老妇人能听懂为止；如果怎么修改老妇人都听不懂，他就舍掉那首诗。

白居易为官非常清廉。当时，朝廷政治昏暗，白居易请求外放到杭州做刺史。离开京城，白居易顿感身心放松。一天傍晚，他有感而发，写下了《暮江吟》。

他在杭州当了三年刺史，离任时恋恋不舍，从天竺山取了两块漂亮的石头作纪念。有一天，他走进书房，看着从天竺山上带回来的美石，写了一首自责的小诗《三年为刺史》。

就在这时，好朋友刘禹锡来访。他看到白居易的这首诗，随口说道："区区两块石头，你何必放在心上

顾况：约730年—806年后，唐代官员、诗人。唐肃宗至德二年（757年）进士，曾任校书郎、大理司直等职，建中二年（781年）担任宰相韩滉的判官，韩滉死后任著作佐郎。

赋得古原草送别
离离原上草，一岁一枯荣。
野火烧不尽，春风吹又生。
远芳侵古道，晴翠接荒城。
又送王孙去，萋萋满别情。

暮江吟
一道残阳铺水中，
半江瑟瑟半江红。
可怜九月初三夜，
露似真珠月似弓。

三年为刺史
三年为刺史，饮冰复食蘖。
唯向天竺山，取得两片石。
此抵有千金，无乃伤清白。

呢？还写诗责怪自己，没必要啊！"

　　白居易对刘禹锡说："虽然只是区区两块石头，可它是杭州百姓的石头，只属于天竺山，我怎能据为己有呢？再说，如果去天竺山游玩的人都将山上的石头带回家，那怎么还会有天竺山的美景呢？虽说我带走它们只是想留作纪念，可现在看来就像是我贪污了杭州百姓的千两黄金，这怎能不让我感到自责呢？"

　　白居易才华出众，为官清廉，很受百姓爱戴。他离开杭州前，再次游玩钱塘湖，写下了著名的《钱塘湖春行》。他调任苏州后，在浙江任职的好友元稹发现杭州百姓为了表示对他的怀念，"自此一州人，生男尽名白"。

　　在苏州刺史任内，他为了便利苏州水陆交通，开凿了一条长七里的山塘河，并在山塘河的北岸修建道路，叫"七里山塘"，简称"山塘街"。

　　白居易晚年归隐洛阳，对洛阳龙门东山的香山情有独钟，因此自号香山居士。他死后，人们按照他的遗言，将他葬在洛阳的龙门石窟附近。

钱塘湖春行

孤山寺北贾亭西，
水面初平云脚低。
几处早莺争暖树，
谁家新燕啄春泥。
乱花渐欲迷人眼，
浅草才能没马蹄。
最爱湖东行不足，
绿杨阴里白沙堤。

学习园地

日积月累

忆江南
[唐]白居易

江南好,风景旧曾谙。日出江花红胜火,春来江水绿如蓝。能不忆江南?

注释
- 忆江南:唐教坊曲名。
- 谙(ān):熟悉。作者年轻时曾多次到江南。
- 江花:江边的花朵。一说指江中的浪花。
- 红胜火:颜色鲜红胜过火焰。
- 绿如蓝:比蓝草还要绿。蓝,蓝草,叶子可制青绿染料。

译文

江南好,我对江南的美丽风景曾经是多么熟悉。春天的时候,晨光映照岸边红花,比火焰还要红,碧绿的江水绿得胜过蓝草。怎能叫人不怀念江南?

成语课堂

恋恋不舍

释义 恋恋:留恋。原形容极其喜欢,不能放弃。现在多用于形容非常留恋,舍不得离开。

出处 南宋·王明清《挥麈录》:"(蔡)元度送之郊外,促膝剧谈,恋恋不能舍。"

近义词 依依不舍、流连忘返

反义词 扬长而去、掉头不顾

接龙 恋恋不舍→舍己为人→人才辈出→出神入化→化整为零→零敲碎打

杨万里

【陆游的老师】

> 课本出处
> 一年级－下册
> 古诗二首－小池

名人档案

杨万里（1127年—1206年），南宋诗人。字廷秀，因宋光宗曾为其亲书"诚斋"二字，故学者称其为"诚斋先生"。谥号文节。吉水（今属江西）人，科举进士。南宋"中兴四大诗人"之一。一生力主抗金，与欧阳修、杨邦乂、胡铨、周必大、文天祥合称庐陵"五忠一节"。代表作品有《小池》《宿新市徐公店》《晓出净慈寺送林子方》等。

谥号：古代帝王、大臣、学者和贵族死后，朝廷依其生平功过与品德修养，另起称号，以名寓评。帝王的谥号一般是由礼部议定，再经继位的帝王认可后予以宣布，臣下的谥号则由朝廷赐予。

南宋"中兴四大诗人"：杨万里、尤袤、范成大、陆游。

名人故事

杨万里从小就喜欢写诗。在父亲的影响下，他读书非常勤奋，广师博学，27岁时考中进士。那个时候写诗的范本都是取自江西诗派，江西诗派是苏轼的学生黄庭坚开辟的。

杨万里广泛地向前辈学习，同时立志要超越前辈。在35岁那年，他下定决心将自己以江西体风格写的诗全部烧掉。被烧的1000多首诗记录着他对诗歌的痴迷，记录着他曾经的努力。多少个日夜思索、打磨，才积攒了这么一卷诗稿，但他义无反顾。

寻找新的路很艰难，他先后学习王安石的七绝、晚唐诗人的绝句，一次次探索。有一天，他忽然认识到大自然才是创作的源泉。于是，他登临古城、跋涉山林，去寻找灵感，终于创造了独具特色的"诚斋体"。这时他已经51岁了，头上已长了许多白发。

杨万里终于找到了适合自己的路，从此，他才思如泉涌，各种佳句排山倒海而来。这位一生勤奋的大诗人，相传创作了2万余首诗歌，现存4200多首，被誉为一代诗宗。他的诗句如"小荷才露尖尖角，早有蜻蜓立上头""接天莲叶无穷碧，映日荷花别样红"等广为传诵。

在显赫的诗名背后，杨万里的人品也是后世的楷模。他一身清廉，两袖清风，在升迁离开零陵任前，同僚们决定摆一桌酒席给他送行。为了不增加同僚们的负担，杨万里决定提前动身。临行前，他写下了《夜离零陵以避同僚追送之劳留二绝简诸友》："已坐诗臞病更羸，诸公刚欲饯湘湄。夜浮一叶逃盟去，已被沙鸥圣得知。"杨万里遗诗避宴之事，成为宋代官场美谈，明代大儒解缙曾称赞他："文章足以盖一世，清节足以励万世。"

杨万里掌管淮西、江东军马钱粮，年底结余了很多钱，他全部归返国库，自己分文不动。他被提拔为宋光宗的秘书监后，连上三札，劝谏宋光宗爱护人才，防止奸佞（nìng），做到"一曰勤，二曰俭，三曰断，四曰亲君子，五曰奖直言"。杨万里的直言上书触怒了宋光宗，他被贬为江东转运副使。正直之士纷纷为他鸣不平，但他却十分淡然。

◇臞（qú）：消瘦。

宋光宗：南宋第三位皇帝，42岁时受孝宗禅位而登基，是即位年龄最大的宋帝。

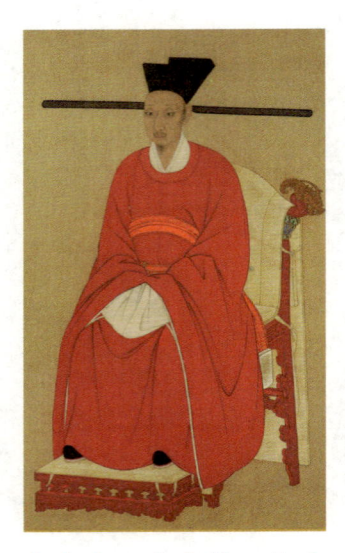

宋宁宗：南宋第四位皇帝，在位30年，享年56岁。他在位期间发动两次对金作战，最终双方都未获胜。

◇侂（tuō）：寄托，依托。

后来杨万里告老还乡，家中仅有一间老屋避风雨，被同僚称为"知谋国而不知营家"。闲居乡间的十几年中，杨万里与妻子粗茶淡饭，粗衣布衫，与村中老农差不多。

杨万里为人刚正。太师韩侂胄专权之后，想网罗天下知名人士。有一次韩侂胄叫杨万里为其修筑的南园写一篇记，许诺给他高官。杨万里却说："官可以不做，记不可以写。"韩侂胄的权力一天比一天大，杨万里愤愤不平，快快不乐，最终病倒了。家人知道他忧虑国事，凡是和时政有关的事情都不告诉他。

有一天，杨万里得知韩侂胄用兵的事情，失声痛哭，急忙叫人拿来纸笔，写道："韩侂胄奸臣，擅自专权，目无皇上，大动干戈，残害人民，图谋危害国家。我岁数这么大了，没有办法报效国家，只有愤愤不平！"之后又写了十四言留别妻子，写完就去世了。

杨万里生前教育儿子，好人难做，所以要努力去做，好官易做，但忙于钻营就做不了好官；如果通过钻营获得高位，不但让自己心寒，更可能败坏家族名声。在他的影响下，长子杨长孺也成为一位被后世传颂不衰的清官。

杨长孺为官期间廉洁奉公，爱民如子，宋宁宗称赞他为"不要钱的好官"。他天天粗茶淡饭，节衣缩食，把自己节约的俸金代百姓缴税，被称为"廉吏"。而晚年的他十分贫困，病重时，竟没钱准备殓材，在朋友的资助下才得以安葬。后人称赞他"门风不坠，可敬可师"。

学习园地

日积月累

闲居初夏午睡起

[南宋]杨万里

梅子留酸软齿牙,芭蕉分绿与窗纱。
日长睡起无情思,闲看儿童捉柳花。

译文

吃过梅子后,余酸还残留在牙齿之间,芭蕉的绿色映照在纱窗上。

漫长的夏日,从午睡中醒来不知做什么好,只懒洋洋地看着儿童追逐空中飘飞的柳絮。

注释

◇ 软齿牙:指梅子的酸味渗透牙齿。

◇ 芭蕉分绿与窗纱:芭蕉的绿色映照在纱窗上。与,给予的意思。

◇ 无情思:没有情绪,指无所适从,不知做什么好。思,意,情绪。

◇ 捉柳花:戏捉空中飞舞的柳絮。柳花,即柳絮。

成语课堂

排山倒海

释 义 推开高山，翻倒大海。形容力量强盛，声势浩大。

出 处 南宋·杨万里《六月二十四日病起，喜雨闻莺，与大儿议秋凉》："病势初来敌颇强，排山倒海也难当。"

近义词 翻天覆地、翻江倒海

接 龙 排山倒海→海阔天空→空穴来风→风吹草动→动手动脚→脚踏实地

六月二十四日病起，喜雨闻莺，与大儿议秋凉

病势初来敌颇强，
排山倒海也难当。
老夫笑把东西玉，
坚子难藏上下盲。
酒阵时闻报三捷，
诗坛元不费单枪。
夜来梦入清凉国，
风月冰人别是乡。

北宋：960年—1127年，开国皇帝是赵匡胤，史书尊称他为宋太祖，建都汴京（今河南开封）。

趣味典故

脚踏实地

北宋史学家司马光奉旨编撰史书。接到皇帝的旨意后，他每天凌晨就开始工作，半夜才休息，丝毫不敢懈怠。怕睡得太久耽误工作，他还制作了一个"警枕"，好让自己睡得不安稳而警醒。

司马光对书稿的要求很严格，会反复修改，直到满意为止。比如关于唐代的稿子，原有600多卷，定稿时他要求精简到80卷。史书编成后，全书共有294卷，全都用正楷工整地写好。宋神宗亲自为这本史书取名为《资治通鉴》。

有一次，司马光问他的好友邵雍："你认为我是一个什么样的人？"

邵雍说："你是一个脚踏实地的人。"

后来，人们使用"脚踏实地"来比喻做事踏实，实事求是，不浮夸。

董其昌

【明代山水画大师】

> 课本出处
> 一年级-下册
> 语文园地

名人档案

董其昌（1555年—1636年），明代官员、书画家。字玄宰，号思白、思翁，别号香光居士，华亭（今上海松江区）人，科举进士。官至南京礼部尚书，谥文敏。与邢侗、张瑞图、米万钟合称"明末四大书家"。主张作画须"读万卷书，行万里路"。

礼部尚书：中国古代官名，六部中礼部的最高级长官。礼部尚书主要掌管检查吉、嘉、军、宾、凶五礼之用，并管理全国学校、科举考试，以及与外国往来等事务。

名人故事

董其昌绘画擅长山水，喜欢纯用水墨。据说，康熙皇帝特别喜欢董其昌的书法，因此出现了满朝皆学董的热潮，追逐功名的人几乎都以学董其昌的书法为追求仕途的捷径。

其实，董其昌走上书法艺术的道路也是非常偶然的。17岁时，董其昌参加松江府会考。相传这次考试之后，董其昌曾梦见自己和父亲董汉儒一起金榜题名，他以为不吉利。等到发榜，他得了第二名，而同榜中真有董汉儒这个名字。

其实，按文才董其昌应得第一名，但松江知府认为董其昌写字太差，于是将董其昌列为第二名，同时将字写得好的董源正提为第一名，而董源正是董其昌的堂侄。这件事极大地刺激了董其昌，从此他发愤学习书法。而后面的科举考试，他都取得了非常不错的成绩，乡试第三名，殿试第四名，赐进士出身。

董其昌中进士后，供职于翰林院。这期间，他的老师礼部侍郎田一俊去世，董其昌请假，走了几千里，护送老师的棺柩回老家福建安葬。因为学识、人品超群，不久他成了太子的讲官。

即使身为太子的老师，董其昌仍笔耕不辍。他在研习经史之余，时常通宵达旦与同僚们切磋书画技艺，最终，董其昌成为明末最杰出、影响最大的书画家。

董其昌一生都在刻苦练习书法。他最初学唐代书法家颜真卿、虞世南，而后学习魏晋时期的钟繇（yáo）、王羲之，再后来，他学习宋代书法家米芾（fú）、苏轼等人。据说他81岁的时候还在临摹前人的书法。

董其昌吸收了古人书法的精华，书风飘逸空灵，笔画圆劲秀逸，用墨也非常讲究，枯湿浓淡，尽得其妙。代表作品有楷书《月赋》《东方先生画赞碑》《观海市》等。清代康熙皇帝酷爱董其昌书法，曾反复临写。由于康熙皇帝的提倡，本来已经日渐衰落的董其昌书法，又影响了清代书坛百余年。

董其昌督湖广学政的时候，不贿赂有权势的豪强，因此被豪强家族所怨恨。豪强不仅教唆几百名儒生闹事，冲击了他的衙门，还编造谣言引发民愤，多地乡民将董家200余间画栋雕梁烧成灰烬，董其昌一生搜集的古今珍贵书画篆刻也被付之一炬。

康熙皇帝：1654年—1722年，名玄烨，爱新觉罗氏，清代第四位皇帝，史称"清圣祖"，在位时间长达61年。

学习园地

日积月累

关于读书的优美句子

◎ 不知则问，不能则学；虽能必让，然后为德。——荀子

释义 不知道的就要问，不会做的就要学；即使能做也要谦让，这样才能成为有德行的人。

◎ 读万卷书，行万里路。——董其昌

释义 比喻要努力读书，增长学识，同时也要结合实际，学以致用。

◎ 读书百遍，而义自见。——陈寿

释义 读书上百遍，自然能领会书的意思。指书要熟读才能真正领会。

成语课堂

金榜题名

释义 金榜：科举时代殿试揭晓的榜；题名：写上名字。金榜题名指科举时代殿试取得名次，名字登上黄榜被录取。现泛指应试被录取。

出处 唐·何扶《寄旧同年》："金榜题名墨尚新，今年依旧去年春。花间每被红妆问，何事重来只一人。"

近义词 金榜挂名、蟾宫折桂

反义词 名落孙山、榜上无名

接龙 金榜题名➡名列前茅➡茅塞顿开➡开门见山➡山明水秀➡秀外慧中

趣味典故

名落孙山

宋代吴地有个读书人叫孙山,他生性风趣幽默,又颇有才气,因此人家都叫他"滑稽才子"。有一年,他去外地参加科举考试,有个同乡人让儿子跟孙山一起去考试。孙山考中最后一名,与他一起去参加科举的同乡儿子落选。孙山先回乡,同乡人问自己的儿子考中没有,孙山回答:"解名尽处是孙山,贤郎更在孙山外。"

后来,这个故事演变为成语"名落孙山",用来指考试或选拔未被录取。

《观榜图》:描绘殿试后考生争相看榜的场景。

▼《观榜图》(局部) 明·仇英

唐 寅

【"江南四大才子"之一】

> 课本出处
> 一年级-下册
> 语文园地

名人档案

唐寅(1470年—1524年),明代画家、文学家。字伯虎,号六如居士、桃花庵主、逃禅仙吏、鲁国唐生等,吴县(今江苏苏州)人。29岁中乡试第一,会试时因牵涉科场舞弊案被革除功名。唐寅是"江南四大才子"之一,"吴门四家"之一。

江南四大才子:唐伯虎、祝允明、文徵明、徐祯卿。

吴门四家:又叫明四家,指四位著名的明代画家:唐伯虎、沈周、文徵明、仇英。

名人故事

相传唐寅出生于明宪宗成化六年庚寅年寅月寅日寅时,所以父亲给他取名唐寅。事实上,他生在庚寅年卯日丑时。

唐寅小时候读书用功,几乎足不出户,16岁时经初等考试后即成为生员,但他对求取功名一事并不热衷。二十五六岁时,父母、妻子、妹妹相继去世,只剩下他与弟弟相互依靠、扶持。

3年守孝之后,唐寅在祝允明的劝慰下认真读书准备科考,在应天府(南京)乡试中得中第一名解元。因此在唐寅的许多画作中,可以见到"南京解元"的

徐经：徐霞客高祖父。徐霞客（1587年—1641年），明代著名地理学家、旅行家和文学家。名弘祖，字振之，号霞客，南直隶江阴（今属江苏）人。代表作品有《徐霞客游记》。

会试：科举制度中的中央考试。通常于乡试后第二年举行，每三年一次，若乡试有恩科，则次年春季亦举行。因在春季由礼部主持，又称为"礼闱""春闱"。会试通常考三场，每场三日，报考资格须为举人。会试录取者为贡士，会试后贡士再由殿试复试，依成绩分甲赐等第，成为进士。

印章。主考官梁储看了唐寅的文章，对他才气洋溢的行文相当欣赏，于是把他引荐给了程敏政。

当时，江阴一位颇有才华的富家子弟徐经，十分钦慕唐寅的才华，愿意出钱带着唐寅一起前往京城参加大考。徐经随行带着几名歌艺伶人，每日跟随唐寅在京城招摇过市。京城的达官贵人仰慕唐寅才学，都去拜访他，他也因此结识了大学士李东阳。

唐、徐二人行事高调，难免招人嫉恨，又恰巧会试的主考官是程敏政、李东阳。考过两场之后，有仇恨富家子弟的人上奏朝廷，指控程敏政泄题给徐经、唐寅。皇帝大怒，将三人下狱隔离审查。

后来，案件查清，重见天日的唐寅被派往浙江当小吏，但他认为士不可辱，决定不去上任。

为了生计，唐寅开始卖画。唐寅作画可以说是无师自通，小时候他拿起画笔天马行空地绘画，父亲见他画得可圈可点，便将其画作挂在铺子里。

祝枝山见到后，还以为是名家的大作，请求唐父代为引荐，想要看看画家是何许人也。见了面才发现，画家竟是个少年。祝枝山心中十分欢喜，当即与唐寅结交。从此之后，祝、唐两大才子时常结伴而行，游历江南。

当时，沈周和周臣都是苏州著名的画家，唐寅潜心向他们学习，绘画技巧突飞猛进，最后他成为"吴门四家"之一，尤其擅长山水和人物画。

民间有唐寅娶了9个妻妾及秋香的传说。事实上，唐寅一生共有3位妻子，他19岁时娶徐氏，但没几年徐氏就病逝了。他的继妻受科举舞弊案的牵累而离开了他。后来，唐寅娶了沈氏，沈氏名九娘，民间讹传为第九个娘子。

而秋香是南京一位颇有名气的青楼女子，命途坎坷，实与唐寅无关。明末小说家冯梦龙在《警世通言》中编了个故事，说唐寅曾因街上婢女对他一笑，于是追随至一大户人家做仆人，后来被发现，主人家将婢女赐予唐寅，该婢女就名秋香。名剧《唐伯虎点秋香》就是以此为原型所创作的故事。

学习园地

日积月累

言 志
[明]唐寅

不炼金丹不坐禅，不为商贾不耕田。
闲来写就青山卖，不使人间造孽钱！

注释
◇金丹：古代方士用黄金、丹砂等炼成的药物。
◇坐禅：佛教指静坐潜修，领悟禅理。
◇商贾（gǔ）：商人。
◇耕田：务农。
◇写就青山：绘画。
◇造孽（niè）钱：即来路不正的钱。

译文
　　我不像道士去炼金丹，追求长生不老，也不像和尚去坐禅；我不做商人去经商，也不做农民去耕田。
　　空闲的时候，我就画一些画去卖，不用那些来路不正的钱。

成语课堂

重见天日

释义 重新看到蓝天和太阳。比喻脱离黑暗、重见光明。也形容受压迫的人得到自由，被冤屈的人得到伸张。

出处 南宋·文天祥《文山全集》："一入真州，忽见中国衣冠，如流浪人乍归故乡，不意重睹天日至此。"

◇囹圄（líng yǔ）：监狱。

近义词 云开见日、拨云见日

反义词 身陷囹圄、暗无天日

接龙 重见天日→日新月异→异想天开→开卷有益→益寿延年→年轻力壮

曹 操

【建安文学的开创者】

> 课本出处
> 二年级－上册
> 曹冲称象

名人档案

曹操（155年—220年），东汉末年著名的军事家、政治家、文学家和诗人。字孟德，小名阿瞒，沛国谯（qiáo）县（今安徽亳州）人。建安文学的开创者，三国时期曹魏政权的奠基者。曹操在世时官至司空、大将军，自任丞相，爵至魏王，谥号"武帝"。代表作品有《观沧海》《龟虽寿》《短歌行》等。

东汉：25年—220年，汉代的一部分，与西汉合称两汉。因国都洛阳在西汉国都长安的东面，故而称为"东汉"。东汉第一位皇帝是刘秀。

建安文学：东汉末年建安年间（196年—220年）创作的各种文学作品，风格独特，在文学史上获得崇高评价。代表人物有曹操、曹丕、曹植和建安七子——孔融、陈琳、王粲、徐幹、应玚（yáng）、刘桢、阮瑀（yǔ）。

三国时期：指曹魏、蜀汉及孙吴三国鼎立的历史时期。

名人故事

曹操少年时胆识过人。10岁那年，有一次他在龙潭游泳，突然一条凶猛的鳄鱼张牙舞爪地攻击他，但他毫不畏惧，沉着地与鳄鱼周旋。鳄鱼无法下口，只好离开了。曹操回家后，没有向家人提起鳄鱼的事。后来，有个大人看见一条蛇而恐惧畏缩，曹操大笑，说："我在龙潭碰到鳄鱼都不怕，你却怕一条蛇，真是可笑！"众人询问，曹操如实相告，人们都惊叹曹操的胆量。

曹操从小就擅长谋划。因为曹操行为叛逆，叔叔曹炽经常在曹操父亲曹嵩面前批评他，曹操听到后心生不满。有一次，在曹炽经过时，曹操假装中风，曹炽急忙去找曹嵩，等曹嵩赶来，曹操却和平常一样，说自己原本就没有病，是叔叔讨厌他而乱说。在这之后，曹炽再向哥哥说曹操的不是时，曹嵩都不相信了。

曹操赏罚严明。曹操成年后，时逢黄巾军起义，朝廷命曹操镇压。由于镇压起义有功，曹操升任济南相，任职后罢免济南多名贪污县令，并且严令禁止当时盛行的迷信活动。因为曹操当政严明，济南的坏人听说曹操要来，都纷纷逃到别的地方。

曹操也很懂得如何激励他人。有一年夏天，他带兵攻打张绣。天上万里无云，骄阳似火，路上的石头被晒得滚烫。行军途中没有水，带的水也早已喝完，派出去找水的人也没发现水源。士兵们渴得要命，纷纷停下乘凉。

曹操见行军的速度越来越慢，担心贻误战机，心里很着急。可是几万人马连水都喝不上，又怎能加快速度呢？他叫来向导，悄悄问："这附近可有水源？"

向导心惊胆战地说："泉水在山谷的那边，要绕道过去，还有很远的路程。"

曹操看了看前边的树林，沉思了一会儿，一夹马肚子，快速赶到队伍前面，

用马鞭指着前方说:"将士们,我知道前面有一大片梅林,那里的梅子又大又好吃,我们快点赶路,绕过这个山丘就到梅林了!"

士兵们听了,想起梅子的酸味,就好像真的吃到了梅子一样,口里顿时生出了不少口水,精神也振作起来,鼓足力气加紧向前赶去。就这样,曹操终于率领军队走到了有水的地方。这就是成语"望梅止渴"的来历。

曹操治军严明,而且以身作则。他讨伐张绣时,正值麦子成熟的季节,于是他在行军途中发布军令:"大小将校,凡过麦田,但有践踏者,一律斩首。"军中凡是骑马的人都下马牵着马辔走,步兵则小心地用兵器隔开麦子走。不承想曹操的马受惊,蹿进了麦地。曹操让军法官给自己定罪,并拔出腰间宝剑准备自刎。随行谋士郭嘉说:"自古刑法是不对尊贵的人使用的。"

曹操说:"我自己制定的军纪,自己却违反,如何统领军队呢?我身为一军之帅,虽然不能处死,但也不能免于处罚。"于是他用剑割下一绺头发以示惩戒,因为古人认为,身体发肤受于父母,不得轻易损伤。

曹操很有才华,并且能坦诚承认自己的不足。他曾经途经曹娥碑,石碑的背面题写着:黄绢、幼妇、外孙、齑(jī)臼。曹操问跟随的杨修:"你知道这是什么意思吗?"

杨修回答说:"知道。"

曹操说:"你先别说,等我想一想。"

走出30里远的时候,曹操说:"我已经知道了。"他命杨修写出所知道的。杨修写道:"黄绢,有色的丝织品,也就是绝;幼妇,少女的意思,也就是妙;外孙,是女儿的孩子,也就是好;齑臼,受辛之器,也就是辞。这说的是绝妙好辞。"曹操也写下了自己的想法,和杨修写的意思一样,于是他赞叹道:"我的才能比不上你,我走了30里路才明白碑文的意思。"

学习园地

日积月累

观沧海
[东汉]曹操

东临碣石，以观沧海。
水何澹澹，山岛竦峙。
树木丛生，百草丰茂。
秋风萧瑟，洪波涌起。
日月之行，若出其中；
星汉灿烂，若出其里。
幸甚至哉，歌以咏志。

注释
- 沧：通"苍"，青绿色。
- 澹澹（dàn dàn）：水波摇动的样子。
- 竦峙（sǒng zhì）：耸立。
- 萧瑟：秋风吹树木发出的声音。
- 洪波：汹涌澎湃的波浪。
- 星汉：银河。

译文

东行登上高高的碣石山，来观赏苍茫的大海。海水多么宽阔浩荡，海中小岛高耸挺立。

周围树木葱茏，花草丰茂。萧瑟的风声传来，草木动摇，大海波涛汹涌。

太阳和月亮，好像从这浩瀚的海洋中升起降落。银河里的灿烂群星，也好像是从大海里涌现的。

太值得庆幸了！就用诗歌来表达我的心情和志向吧。

成语课堂

望梅止渴

释义 原意是梅子酸,人想吃梅子就会流口水,因而止渴。后比喻愿望无法实现,用空想安慰自己。

出处 南朝·刘义庆《世说新语·假谲》:"魏武行役,失汲道,军皆渴,乃令曰:'前有大梅林,饶子,甘酸可以解渴。'士卒闻之,口皆出水,乘此得及前源。"

◇谲(jué):欺诈,玩弄手段。

近义词 画饼充饥

反义词 名副其实

趣味典故

文姬归汉

东汉末年,匈奴人见诸侯割据、中原大乱,于是趁火打劫,抢走曹操老朋友蔡邕的女儿蔡文姬。12年后,曹操平定北方,出于对老朋友的怀念,他用重金将蔡文姬从匈奴赎回来。蔡文姬虽然怀念故乡,但又舍不得离开在匈奴生的孩子。她在悲伤矛盾的心情下,写下了著名的《胡笳十八拍》。

蔡文姬回到中原后,曹操让她嫁给陈留人董祀,并让她整理蔡邕所遗书籍400余篇,为中国文化的传播作出了巨大贡献。

蔡邕(yōng):132或133年—192年,东汉文学家、书法家。字伯喈(jiē)。陈留圉(yǔ)(今河南杞县西南)人。由于谴责宦官,流亡江湖多年,后被董卓逼着做官,董卓死后被司徒王允杀害。

蔡文姬:177年—249年,东汉末年女诗人。名蔡琰,字昭姬,晋时为避司马昭讳而作文姬,为蔡邕的女儿。通音律,据称能用听力迅速判断古琴的第几根琴弦断掉。

王之涣

【大唐边塞诗人】

> 课本出处
> 二年级 - 上册
> 古诗二首 - 登鹳雀楼

名人档案

盛唐：后世对唐王朝的赞颂之词。文学上的盛唐指的是从开元元年到天宝十四年（713年—755年）。

鹳雀楼：位于山西运城，传说因常有鹳雀停留而得名。1222年遭大火焚毁，1997年重建，高度达73.9米，是中国古代四大名楼中最高的一座。

　　王之涣（688年—742年），盛唐时期著名的诗人。字季凌，晋阳（今山西太原西南）人。常与高适、王昌龄等人相唱和，善于描写边塞风光，意境雄浑，被称为"边塞诗人"。他的诗多被当时乐工制曲歌唱。代表作品有《登鹳雀楼》《凉州词》。

名人故事

旗亭：古代酒楼在道旁筑亭，门前挑着一面旗子，上面画着酒坛或写个大大的"酒"字，故称为"旗亭"。

　　王之涣年轻的时候有侠士之风，他交往的都是贵族子弟。他们一起练习剑术，慷慨悲歌。后来，他改变志向，开始刻苦学习，10年后终于名动一时。

　　唐开元年间，王昌龄、高适、王之涣三位大诗人经常在一起吟诗。有一天下着小雪，三个人一块儿到了一处旗亭。三位大诗人刚落座，就见一群歌女蜂拥而至，随后音乐奏响。王昌龄与王之涣、高适私下约定："我们都擅诗，难分高下，今天就以歌女歌唱来比一比，谁的诗被唱得最多，谁就最优秀。"

　　话音刚落，就听一个歌女唱道："寒雨连江夜入吴，平明送客楚山孤。洛阳亲友如相问，一片冰心在玉壶。"

王昌龄一听是自己送别友人时的诗作，于是用手在壁上一画，说道："这是我的一首绝句！"

不多久，另一个歌女唱了高适的一首诗，高适也用手在壁上一画，说道："这是我的一首绝句！"

第三个歌女像投其所好似的又唱了王昌龄的一首诗。他站起来往壁上一画，说道："这又是我的一首绝句！"

始终没人唱王之涣的诗歌。但王之涣并不着急，慢慢地说："这些唱你们诗的都是潦倒歌女，只会唱一些'下里巴人'的歌词。"他指着歌女中最美的一位说："如果待会儿她唱的不是我的诗，我这辈子都不敢和你们争高下了。如果是我的诗，你们都要拜我为师。"

其他两人大笑，拭目以待。果然，不一会儿，最美的歌女唱道："黄河远上白云间，一片孤城万仞山。羌笛何须怨杨柳，春风不度玉门关。"唱完一遍，又唱了一遍。两人对王之涣佩服不已。

王之涣另一首广为传诵的诗是《登鹳雀楼》。他在诗中说，站在高楼上，只见夕阳依傍着山峦慢慢沉落，滔滔黄河朝着大海汹涌奔流。想要看到千里之外的风光，那就要登上更高的一层楼。其中"欲穷千里目，更上一层楼"成为千古名句。

登鹳雀楼

白日依山尽，黄河入海流。
欲穷千里目，更上一层楼。

学习园地

日积月累

凉州词（其二）
[唐]王之涣

单于北望拂云堆，杀马登坛祭几回。
汉家天子今神武，不肯和亲归去来。

注释
- 凉州词：又名《出塞》，是盛唐时流行的一种曲调名，为《凉州》配的唱词。
- 单于：古代对匈奴君王的称呼，此指突厥首领。
- 拂云堆：祠庙名，在今内蒙古五原。

译文

单于来到中原求和亲，回望自己的领土，看到北边的拂云堆神祠，回想昔日曾经多次在此杀马登台祭祀，然后兴兵犯唐。

但现在唐朝天子神武超绝，不肯与外族和亲，单于此次中原和亲之行只好无功而返。

成语课堂

投其所好

释义 投：迎合；好：爱好。迎合别人的喜好。

出处 战国·庄子《庄子》："是故非以其所好笼之而可得者，无有也。"

近义词 曲意逢迎

反义词 不卑不亢

接龙 投其所好→好心好意→意气用事→事无巨细→细水长流→流芳百世

趣味典故

下里巴人

宋玉是屈原的弟子，才貌双全。楚襄王欣赏他的才能，但讨厌他的行为像屈原，于是对他说："先生难道有什么不好的行为吗？不然怎么有那么多人都说您不好呢？"

宋玉回答："一位歌者在都城开唱。开始他唱最流行的《下里》《巴人》，跟着唱的有好几千人；接着他唱比较高深的《阳阿》《薤露》，跟着唱的只有几百人；后来他唱高雅的《阳春》《白雪》，跟着唱的只有几十人；最后他唱起五音六律特别和谐的最高级的歌曲，能跟着唱的就只有几个人了。可见歌曲越是高深，能跟着唱的人就越少！文人之间也是一样的。杰出人物志向远大，行为高尚，怎能被一般人理解呢？我的情况正是这样啊！"

成语故事·流芳百世

魏文帝曹丕（pī）在甄后过世之后，想要立郭女王为后，中郎栈潜知道这个消息就上疏说："历代帝王治理天下时，因为外有贤臣辅佐，内有贤明的妻子相助，所以国家才更加兴盛。黄帝的元妃螺祖，舜的后妃娥皇和女英，都以贤明的美名流传于世。而夏朝的桀之所以会逃亡到南巢，是因为宠爱末喜，终日饮酒作乐，又暴虐无道。商朝的纣王，在众臣面前施行炮烙的酷刑，以取悦妲己，导致国家灭亡。从这些例子可以看出，立皇后要谨慎。皇后要出身世族，更要德性贤淑，帝王才能专心治理天下。"

"流芳百世"这个成语可能就从这里演变而出，用来形容美名流传后世，为人所称颂。

◇薤露（xiè lù）：古代的挽歌。

李 白
【诗仙】

> 课本出处
> 二年级-上册
> 古诗二首-望庐山瀑布

名人档案

李白（701年—762年），唐代浪漫主义诗人，有"诗仙""诗侠""谪仙人"等称号。字太白，号青莲居士。与杜甫合称"李杜"。唐文宗御封李白的诗歌、裴旻（mín）的剑舞、张旭的草书为"三绝"。杜甫评价他："笔落惊风雨，诗成泣鬼神。"代表作品有《静夜思》《早发白帝城》《望庐山瀑布》《蜀道难》等。

李杜：李白与杜甫为"大李杜"；李商隐与杜牧为"小李杜"。

张旭：唐代书法家，有"草圣"之称。字伯高，苏州吴（今江苏苏州）人。

名人故事

相传李白的母亲梦见长庚星，而后生下了他，于是用"白"作他的名，用"太白"作他的字。李白10岁时，有一天做梦，梦到自己所用的笔，笔头上居然长出花来。果然，李白长大后才华横溢，所作的诗丰富高妙，闻名天下。这就是成语"妙笔生花"的来历。

成年后，李白从成都来到重庆，他想得到渝州刺史李邕的推荐。李邕比李白大20多岁，是当时的大文豪，提拔过很多文学新人，但他看不惯狂傲之人，所以对高谈阔论的李白不感兴趣。李白被请出李府后，

长庚星：中国古代民间对金星的一种称谓。金星又叫太白星，早上出现在东方时又叫启明星、晓星、明星，傍晚出现在西方时也叫长庚星、黄昏星。

一气之下，写下了《上李邕》，讽刺李邕难道比圣人还要高明，男子汉大丈夫千万不可轻视年轻人。后来李邕藐视权贵，被奸臣所害，李白写诗怀念他："君不见李北海，英风豪气今何在！"

李白离开重庆后，云游天下，后来到京城长安，当时他还没名气，就把自己的诗拿给贺知章看。贺知章读到《蜀道难》时，感叹地说："你啊，是被贬谪到人间的仙人。"因此后人称李白为"诗仙"。贺知章还专门向唐玄宗推荐李白。唐玄宗对李白的诗赞叹不已，他在金殿上召见李白，看到李白远远走上台阶，竟然上前相迎。谈起当时的政事，李白根据唐玄宗的意思，献上一首诗。唐玄宗非常高兴，留他吃饭，并亲手为他调了一碗肉汤，还任命他为翰林供奉。

有一天，渤海国特使朝见唐玄宗，带来国书，大臣们都不认得上面的文字。唐玄宗龙颜大怒，限三日翻译出国书，否则罢免全朝官员。贺知章推荐了李白来翻译。李白看了一下，当场翻译了出来。由此唐玄宗更加喜欢李白。

还有一天晚上，唐玄宗带着杨贵妃观赏月下牡丹，让李白写诗助兴。李白醉眼蒙眬中，向唐玄宗奏道："臣今天不巧已醉，倘若陛下赐给臣无畏的胆子，就能尽情发挥臣的薄技。"

皇帝一笑："好吧！"

于是，李白命令道："杨国忠，快给我捧墨！高力士，快把我的靴子脱了！"

杨国忠是国舅，高力士是得宠宦官，两人都是唐玄宗的心腹宠臣。碍于圣命，高力士给李白脱了靴子，杨国忠捧过研磨好的墨。李白在席上坐下，接过笔墨，

上李邕

大鹏一日同风起，
扶摇直上九万里。
假令风歇时下来，
犹能簸却沧溟水。
世人见我恒殊调，
闻余大言皆冷笑。
宣父犹能畏后生，
丈夫未可轻年少。

杨贵妃：杨玉环，相传为中国古代四大美人中的"羞花"，李白、白居易等人为她写过很多诗。

一口气写了 10 首诗。

后来，李白被杨、高两人报复，一直得不到重用，于是向唐玄宗请求回乡。在回乡路上，他带着醉意骑驴经过华阴县衙门前，县令大怒，派人将他带到公堂上问："你是什么人？竟敢如此无礼！"

李白在供词中不写姓名，只写道："曾经醉吐使皇上用手巾擦嘴，吃饭让皇上亲手拌肉汤，写字让杨贵妃的哥哥捧砚台、高力士帮着脱靴。皇宫大门前都允许我纵马奔驰，华阴县衙口却不许骑驴而过？"县令看了，又惊又愧，连忙行礼道歉："不知道是翰林学士来到此地，失敬失敬！"

唐肃宗继位后，封李白为高级谏官。李白辞而不受，游山玩水而去。相传，他乘船来到牛渚矶（现名采石矶）。一天晚上，月明如昼。李白喝醉了，想到水中去捕捉月影，结果不慎坠江而亡。现在，他的墓还在这里。

学习园地

日积月累

月下独酌
[唐]李白

花间一壶酒，独酌无相亲。
举杯邀明月，对影成三人。
月既不解饮，影徒随我身。
暂伴月将影，行乐须及春。
我歌月徘徊，我舞影零乱。
醒时同交欢，醉后各分散。
永结无情游，相期邈云汉。

注释

◇独酌：一个人饮酒。
◇无相亲：无亲近的人。
◇既：已经。
◇徒：徒然，白白的。
◇及春：趁着春光明媚。
◇月徘徊：明月随我来回移动。
◇影零乱：因起舞而身影纷乱。
◇同交欢：一起欢乐。
◇相期：约定。
◇邈（miǎo）云汉：在天上相见。

译文

在花丛中摆上一壶美酒，我自斟自饮，身边没有一个亲友。我举杯向天邀请明月，月亮与我的影子相对，便成了三人。

明月当然不能理解开怀畅饮之乐，影子也只能默默地跟随在我的左右。暂以明月影子相伴，趁此春宵要及时行乐。

我吟诵诗歌，月亮伴随我来回移动；我手舞足蹈，影子便随我身影纷乱。清醒时我与你一同分享欢乐，酒醉后各奔东西。我愿与他们永远结下忘掉伤情的友谊，相约在缥缈的银河边。

成语课堂

妙笔生花

释义 李白少年时梦见笔头生花,从此才华横溢。比喻笔法高超的人写出动人的文章。

出处 唐·冯贽《云仙杂记》:"李太白少梦笔头生花,后天才赡逸,名闻天下。"

近义词 生花妙笔

反义词 平淡无奇

接龙 妙笔生花→花样百出→出生入死→死心塌地→地动山摇→摇头晃脑

趣味典故

铁杵成针

相传李白在象耳山求学的时候,没有完成自己的学业,就放弃学习离开了。

在离开的路途上,李白经过一条小溪,看见一位老妇人正在磨铁棒。李白很好奇,问她在干什么。老妇人说:"我想把它磨成针。"

李白被老妇人的毅力感动,于是返回学堂,从此发愤读书,终于有所成就。

后来,这条小溪被称为"磨针溪",这个故事也被浓缩为成语"铁杵成针",用于比喻只要有毅力,肯下苦功,事情就能成功。

庄 子

【老子思想的继承人】

课本出处
二年级 - 上册
坐井观天

名人档案

庄子（约公元前369年—公元前286年），战国时期的文学家、哲学家。名周，与孟子同时代，宋国人，曾任漆园吏。道家学派的代表人物，老子思想的继承者和发展者，后世将他与老子并称为"老庄"。代表作品有《庄子》。

战国时期：简称战国，是中国历史上的一段时期，起始年份有多种说法，但结束时间为公元前221年秦始皇统一中原时。

《庄子》：集合庄子及其后学的篇章整理而成的书籍，分为内篇、外篇与杂篇，在道教也称为《南华经》。魏晋玄学称《老子》《庄子》《易经》为"三玄"。

名人故事

庄子曾做小官，生活得很清苦。有一天，楚王听说了庄子的名声，读了庄子的文章，发现庄子非常有才能，于是派两位大夫带着金银财宝来聘请他去当楚国的宰相。当时庄子正在河边钓鱼。

来人说："吾王久闻先生贤名，欲以国事相累。深望先生出山，上以为君王分忧，下以为百姓谋福。"

庄子拿着钓鱼竿，看都不看对方一眼，说道："我听说楚国有只神龟，死时已3000岁了。楚王把它珍藏在竹箱里，上面盖着锦缎，供奉在庙堂之上。请问两位大夫，此龟是宁愿死后留骨而贵，还是宁愿活着在泥水中潜行曳尾呢？"

两位大夫说："自然是愿活着在泥水中曳尾而行。"

庄子说："两位大夫请回去吧！我也愿在泥水中曳尾而行。"

惠子在梁国做了宰相，庄子想去见这位好朋友。有人急忙报告惠子："庄子来梁国肯定不怀好意，他是想取代您的相位。"惠子很惶恐，想阻止庄子，便派人在国都搜了三天三夜。不料庄子却从容地来拜见他，并说："南方有只鸟，名叫鹓（yuān）雏，您可听说过？这鹓雏展翅而起，从南海飞向北海，非梧桐不栖，非练实不食，非醴（lǐ）泉不饮。这时，有只猫头鹰正津津有味地吃着一只腐烂的老鼠，恰好鹓雏从头顶飞过。猫头鹰急忙护住腐鼠，仰头看着鹓雏说：'您是想抢我的腐肉吗？'"

庄子非常喜欢用生活中的现象来启发别人。

有一天，学生们问他："人是有才华好，还是没才华好？"庄子并没有直接给出答案，而是带着学生们游山，说要带着大家一起去寻找答案。

庄子与学生走到林区，看见一株大树枝繁叶茂，耸立在溪旁。伐木者坐在树下却不去砍伐它。

庄子问伐木者："这么高大的树木，你们怎么不砍伐呢？"

伐木者说："这树不中用，不砍。"

庄子对学生说："这棵大树因为没用，所以得以过完自然的寿命。"

庄子一行人从山里出来后，留宿在朋友家中。朋友非常高兴，叫童仆杀鹅来款待他。

童仆问主人："两只鹅，一只会叫，一只不会叫，请问杀哪一只？"

主人说："杀不会叫的那只。"

第二天早上，学生问庄子："昨天遇到山中的大树，因为不成材而能终享天年；现在主人的鹅，因为不成材而被杀掉。有用无用都可能挨刀，老师站在哪一边呀？"

庄子忍不住笑了，说："一边是有用，一边是无用。两边都站不得，只好站中间了。那我就站在有用无用之间吧。从有用那边看我是无用的，从无用那边看我是有用的。站在有用无用之间，似是而非地两边欺骗人，所以我活得很累啊。要想活得轻松愉悦，只有驾乘双翼，一翼修道，一翼养德，随风漂泊。逃出有用无用的范畴，不受称赞，不被谴责。顺应社会的变化，让自己一会儿是天上的金龙，一会儿是洞中的黑蛇，不要固化。该显扬便显扬，该隐匿便隐匿，以合乎天性为原则，遨游在万物之间，那样怎会有牵累呀！这便是炎黄二帝的处世原则。但现实社会和人类的习惯却不是这样了。有聚合就会有分散，有成功就会有毁败。棱角突出就会受到挫折，地位尊贵就要遭到非议，有所作为就要亏损，有才能就要遭人算计，无能就会被欺负。所以，怎么可能是一成不变的呢？你们要记住啊，只有顺其自然才是理想的境界！"

一天，庄子和惠子在桥上游玩。庄子说："鲦（tiáo）鱼游得从容自在，这是鱼的快乐呀。"

惠子说："你不是鱼，怎么知道鱼的快乐呢？"

庄子说："你不是我，怎么知道我不知道鱼的快乐呢？"

惠子说："我不是你，本来就不知道你的快乐。而你也不是鱼，肯定也不知道鱼的快乐。"

庄子说："从最初的话题说起。你说'你怎么知道鱼的快乐呢'，既然你知道我知道鱼的快乐还问我？"

这个故事就是后来人们熟知的"子非鱼，安知鱼之乐"。

庄子还讲过井底之蛙的寓言，后来唐代诗人韩愈因此受到启发，创造了耳熟能详的成语"坐井观天"，讽刺那些眼界狭窄或学识肤浅的人。

学习园地

日积月累

庄子的优美句子

◎ 美成在久，恶成不及改。

释义 好习惯的养成在于长时间的培养，坏习惯的形成在于不及时改正错误。

◎ 君子之交淡若水，小人之交甘若醴。

◇ 醴（lǐ）：甜酒。

释义 朋友之间的交往要像水一样清澈，不掺杂污浊物。小人间的交往包含着浓重的功利之心，表面看起来像甜酒一样甘浓，实则浑浊不堪。

◎ 好面誉人者，亦好背而毁之。

释义 喜好当面阿谀奉承的人，也必然喜好背地诋毁别人。

成语故事·管中窥豹

东晋书法家王献之小时候观看仆人们玩棋牌游戏，看出要分出胜负的时候，便说："南边的要输了。"

仆人们觉得他是小孩，便不以为然地说："小公子只是管中窥豹，看不到全局。"

王献之听了生气地睁大眼睛说："我只比荀粲和刘真长差一点而已，比你们强多了！"说完便拂袖而去。

后来，人们将这个故事中的"管中窥豹"用来比喻只见到事物的一小部分，也用来比喻可以从观察到的部分推测全貌。

成语课堂

坐井观天

释义 坐在井底看天。比喻目光狭窄，见识少，很有局限性。

出处 唐·韩愈《原道》："坐井而观天，曰天小者，非天小也。"

近义词 井底之蛙、管中窥豹

反义词 见多识广、高瞻远瞩

接龙 坐井观天→天长地久→久负盛名→名山大川→川流不息→息息相关

趣味典故

呆若木鸡

春秋时期，纪渻（shěng）子为周宣王养斗鸡。

过了10天，周宣王问纪渻子养成没有。纪渻子说不行，它还没本事却十分骄傲。

又过了10天，周宣王又问。纪渻子说不行，它仍然对其他鸡的啼叫和接近有所反应。

又过了10天，周宣王又问。纪渻子还是说不行，它仍然气势汹汹地看着对手。

又过了10天，周宣王又问。纪渻子说差不多了。即使有鸡叫，它也没有反应，看上去像木鸡一样。它的道行高超，其他鸡看见它掉头就逃跑了，根本不敢应战。

这个故事出自《庄子·达生》，成语"呆若木鸡"便由此而来，常用来形容因恐惧、惊讶或困惑而发愣的样子。

柳宗元

【中国游记的奠基人】

> 课本出处
> 二年级-上册
> 语文园地

名人档案

唐宋八大家： 唐代的韩愈、柳宗元，宋代的欧阳修、苏洵、苏轼、苏辙、王安石和曾巩，并称为"唐宋八大家"。

古文运动： 唐宋两代改革文章体裁的运动，主要目的在于扭转写作骈文的风气，改为学习先秦两汉的古文。

柳宗元（773年—819年），唐代文学家、哲学家。字子厚，河东解县（今山西运城西南）人，世称柳河东，科举进士。唐宋八大家之一、唐代古文运动的倡导者。他与韩愈并称"韩柳"，与刘禹锡并称"刘柳"。代表作品有《江雪》《捕蛇者说》《永州八记》等。

名人故事

柳宗元是中国游记的奠基人，他创作了许多优秀的山水游记与山水诗，将山水游记发展成了一种独立的文学体裁。从宋代起，人们将他与王维、孟浩然、韦应物放一起，视他们为描写自然景色与隐居生活的大师。

柳宗元出身河东柳氏，隋、唐初，柳家多次和皇室联姻。武则天当权后，河东柳氏家族遭到打压，从此一蹶不振。

柳宗元自幼刻苦勤学，天资过人，被称为神童。他3岁时跟母亲学读诗，10岁时所写的诗文就饱受赞赏，13岁便名满天下，20岁时中进士，逐渐步入官场。柳宗元在长安时，结识了同辈好友韩愈、刘禹锡等人。

后来，柳宗元参加了旨在革除政治积弊的永贞革新，但改革遭到权贵们的抵制，最终失败。柳宗元因此被贬到邵州任刺史，赴任途中又被追加惩罚，贬到更偏远的永州任司马。柳宗元给朝中官员写信陈情，但官员们嫉妒他的才能，没人替他说话。

他在永州待了10年，目睹当地百姓的繁重负担，写下了著名的《捕蛇者说》，用最毒的毒蛇来对比统治者强加给百姓的苛捐杂税，反衬出苛政比凶残的老虎还可怕。

在永州，他还写下了许多游记，如《永州八记》，其中的《小石潭记》入选课本。

> 从小丘西行百二十步，隔篁竹，闻水声，如鸣珮环，心乐之。伐竹取道，下见小潭，水尤清冽。全石以为底，近岸，卷石底以出，为坻，为屿，为嵁，为岩。青树翠蔓，蒙络摇缀，参差披拂。
>
> 潭中鱼可百许头，皆若空游无所依。日光下澈，影布石上。佁然不动，俶尔远逝，往来翕忽，似与游者相乐。
>
> 潭西南而望，斗折蛇行，明灭可见。其岸势犬牙差互，不可知其源。
>
> 坐潭上，四面竹树环合，寂寥无人，凄神寒骨，悄怆幽邃。以其境过清，不可久居，乃记之而去。
>
> 同游者：吴武陵，龚古，余弟宗玄。隶而从者，崔氏二小生，曰恕己，曰奉壹。

◇ 篁（huáng）竹：竹林。
◇ 为坻（chí），为屿，为嵁（kān），为岩：成为坻、屿、嵁、岩各种不同的形状。坻，水中高地。屿，小岛。嵁，不平的岩石。岩，悬崖。
◇ 蒙络摇缀，参差披拂：蒙盖缠绕，摇曳牵连，参差不齐，随风飘拂。
◇ 俶（chù）尔远逝：忽然向远处游去了。
◇ 翕（xī）忽：轻快敏捷的样子。
◇ 差（cī）互：互相交错。
◇ 悄（qiǎo）怆（chuàng）幽邃（suì）：幽静深远，弥漫着凄凉的气息。

这些优美的山水游记生动地表达了作者对自然美

的感受，开创了古典散文反映生活的新领域，确立了山水游记作为独立的文学体裁在文学史上的地位。

在寓言故事方面，柳宗元创作了著名的《黔之驴》《永某氏之鼠》等。其中，"黔驴技穷"已成为广为流传的成语。

贬谪期间，柳宗元创作了许多诗歌。他的诗歌语言朴素自然，风格淡雅，意味深长，例如著名的《江雪》。在诗中，表面上他描绘了一幅幽静寒冷的画面：在大雪纷飞的江面上，一叶小舟，一位老渔翁，独自在寒冷的江心垂钓。实际上，他表明了自己的孤独寂寞又不甘屈服的精神：天地之间纯洁如雪，一尘不染，自己就如清高孤傲的老渔翁。

江 雪
千山鸟飞绝，万径人踪灭。
孤舟蓑笠翁，独钓寒江雪。

柳宗元经常写信给同样被贬的好友刘禹锡，愤愤不平地说："我被贬到这个与世隔绝、瘟疫横行的地方，只好将全部心思都放在赋诗作文上了。"刘禹锡也时常写信鼓励、安慰柳宗元。

后来，柳宗元调任柳州刺史，刘禹锡则被贬谪到播州（今贵州遵义）。柳宗元知道播州条件极为艰苦，于是上书皇帝："播州条件恶劣，不是人能住的地方，而刘禹锡尚有老母在世，需要他供养。如果他去播州，那么他们母子就再也见不到面了。所以，我恳请陛下批准让我和他交换，我去播州，他去柳州。"

这种患难真情感动了许多大臣，于是有人站出来为刘禹锡求情。后来皇帝虽然没有批准柳宗元的奏请，但最终还是对刘禹锡网开一面，让他改去连州上任。

柳宗元在柳州专心政事。他为百姓兴修水利，开办学堂，解放奴婢准其赎身。他病死在柳州后，当地百姓建庙宇纪念他。

学习园地

日积月累

黔之驴
[唐] 柳宗元

黔无驴,有好事者船载以入。至则无可用,放之山下。虎见之,庞然大物也,以为神,蔽林间窥之。稍出近之,慭慭然,莫相知。

他日,驴一鸣,虎大骇,远遁;以为且噬己也,甚恐。然往来视之,觉无异能者;益习其声,又近出前后,终不敢搏。稍近,益狎,荡倚冲冒。驴不胜怒,蹄之。虎因喜,计之曰:"技止此耳!"因跳踉大㘎,断其喉,尽其肉,乃去。

噫!形之庞也类有德,声之宏也类有能。向不出其技,虎虽猛,疑畏,卒不敢取。今若是焉,悲夫!

注释

- 庞然:巨大的样子。
- 蔽林间窥之:藏在树林里偷偷看它。
- 稍出近之:渐渐地接近它。
- 慭(yìn)慭然:惊恐疑惑、小心谨慎的样子。
- 远遁:逃到远处。
- 噬(shì):咬。
- 终不敢搏:始终不敢扑击它。
- 狎(xiá):亲近而态度不庄重。
- 荡:碰撞。
- 倚:靠近。
- 冲冒:冲击冒犯。
- 不胜怒:禁不住发怒。
- 蹄:名词作动词,踢。
- 计之:盘算着这件事。
- 跳踉(liáng):跳跃。
- 㘎(hǎn):同"吼",怒吼。
- 疑畏:多疑又害怕。
- 卒:最后,最终。
- 是:这样。

译文

贵州本来没有驴,有一个喜欢多事的人用船运来一头驴。运到后却没有什么用处,于是就把驴放养在山脚下。老虎看到它是个庞然大物,以为是什么神物,躲在树林里偷偷看它。渐渐小心地靠近它,惊恐疑惑,不知道它是什么东西。

有一天,驴叫了一声,老虎非常害怕,跑得远远的;认为驴要咬自己,非常害怕。但是老虎来来回回地观察它,觉得它并没有什么特别的本领。渐渐地,老虎熟悉了驴的叫声,又靠近它的身边,但始终不敢与它搏斗。老虎渐渐地靠近驴子,态度越来越轻侮，轻慢地碰撞、靠近、冲撞、冒犯它。驴非常愤怒，用蹄子踢老虎。老虎因此很高兴，盘算这件事，想："驴的本领只不过这样罢了！"于是跳起来大吼一声，咬断驴的喉咙，吃光了它的肉，才离开。

唉！驴子外形庞大好像很有道行，声音洪亮好像很有本领，当初如果不使出它的那点本领，老虎即使凶猛，但由于多疑、畏惧，也不敢猎取它。如今落得像这样的下场，真是可悲啊！

成语课堂

愤愤不平

释　义　愤愤：很生气的样子。十分气恼，心中不服。

出　处　东汉·班固《汉书》："太子进则不得上见，退则困于乱臣，独冤结而亡告，不忍愤愤之心。"

近义词　怒火中烧、义愤填膺

反义词　心平气和、平心静气

接　龙　愤愤不平→平易近人→人杰地灵→灵丹妙药→药到病除→除暴安良

《汉书》：东汉班固著。中国第一部纪传体断代史，记载了上自西汉汉高祖元年（公元前206年），下至新朝地皇四年（23年）共229年的历史。

◇膺（yīng）：胸。

趣味典故

大放厥词

柳宗元去世后，韩愈写了一篇文章悼念他，并夸赞柳宗元的文章"玉佩琼琚，大放厥词"，意思是说柳宗元写了很多文笔优美、用词美妙的文章。这本来是称赞之意，但后来，大放厥词的意思变味了，常用来讽刺某人大发议论，与夸夸其谈类似。

吕不韦

【秦国投资人】

课本出处
二年级-上册
语文园地

名人档案

吕不韦（公元前292年—公元前235年），战国末卫国濮（pú）阳（今河南濮阳西南）人。初为大商人，后来在秦国当丞相13年。先秦杂家代表人物之一，招揽门客编写《春秋》，又称《吕氏春秋》。他主导兴建郑国渠等水利工程，促进了秦国的农业发展。

杂家： 先秦时期学术思想中的九流十家之一。之所以叫杂家，是因为杂家不具有原创思想，而以取各家所长、避各家所短见长。十家指道家、儒家、墨家、名家、法家、阴阳家、纵横家、杂家、农家、小说家。十家中除去小说家，称为九流。

门客： 又称食客，春秋战国时期盛行的一种职业。当时财产雄厚的贵族为了进一步提升政治地位与社会地位，会对外招收各国人才并供养他们，食客为雇主私人的部属，不担任朝廷官职也不受国君指使。著名的门客有毛遂、荆轲、蔺相如等。

名人故事

吕不韦是一名成功的商人，他靠着自身的聪明才智将货物低价买进、高价卖出，积累了大量的财富。

吕不韦在赵国都城邯郸经商时，结识了在赵国当人质的秦国公子嬴异人，当时人们都觉得异人没有价值，但吕不韦却认为异人奇货可居，大力投资嬴异人。他不但将心爱的赵姬送给异人，还资助异人返回秦国。

为了让异人登上王位，他拿出五百金送给异人，作为生活和社交开支；又用五百金购买奇珍异宝，亲自送往秦国，讨好太子安国君和其夫人华阳夫人。华阳夫人没有孩子，吕不韦就通过华阳夫人的亲人说服她收异人为义子，并让华阳夫人说服太子立异人为嫡子，理由是这样可避免她年老色衰后失宠。于是，华阳夫人亲自接见异人。

华阳夫人是楚国人，于是吕不韦事先教异人穿楚服、说楚语，加上异人本身应对得体，华阳夫人果然大为感动，收异人为义子，然后又说服安国君立异人为嗣子。

公元前251年，秦昭襄王去世，太子安国君继位，为秦孝文王；秦孝文王仅在位3天便去世了，之后异人继位，为秦庄襄王。公元前249年，吕不韦被秦庄襄王任命为丞相，封为文信侯。

3年后，秦庄襄王病死，13岁的嬴政（即后来的秦始皇）继位，尊吕不韦为仲父。

吕不韦执政后开疆拓土，夺取韩、赵、魏大量城池，使秦国成功分割东方六国为南北部分，为统一战争的胜利奠定了基础。此外，他广纳英才，为秦国蓄积大量人才。

吕不韦还效仿古人编著书籍，他组织门客编写了《吕氏春秋》。这部作品共26卷，160篇，内容涉及很广，以儒、道思想为主，兼收名、法、墨、农和阴阳家等先秦诸子百家的言论，是杂家的代表作。

嬴政：中国历史上第一位使用"皇帝"称号的君主，即秦始皇，史书多作秦王政或始皇帝，曹植最早称始皇帝为嬴政，后世通称嬴政。

仲父：年纪最大的叔父，或用于君主对重臣的尊称。

学习园地

日积月累

《吕氏春秋》中的优美句子

◎ 流水不腐，户枢不蠹。

释 义 流动的水不会腐败发臭，经常转动的门轴不会遭虫蛀。比喻经常运动的事物不易受到外物的侵蚀。

◇ 蠹（dù）：蛀蚀。

◎ 善学者，假人之长以补其短。

释 义 善于学习的人，总是借别人的长处来弥补自己的不足。

◇ 假（jiǎ）：借用，利用。

◎ 石可破也，而不可夺坚；丹可磨也，而不可夺赤。

释 义 石头再怎么破碎，依然是坚硬的；丹砂无论怎么磨损，依旧是红色的。

◇ 赤：泛指红色。

◎ 欲胜人者，必先自胜；欲论人者，必先自论；欲知人者，必先自知。

释 义 想要战胜对手，必须先战胜自己；想要评价他人，必须先正确评价自己；想要了解他人，必须先了解自己。

◎ 察己则可以知人，察今则可以知古。

释 义 了解自己则可以了解他人，观察现在则可以推知过去。

◎ 知之盛者，莫大于成身，成身莫大于学。

释 义 关于聪明的事，没有比修养身心更大的了；至于如何修养身心，没有什么能超过学习。

成语课堂

刻舟求剑

释义 战国时期,有个楚国人坐船过江时剑掉水里了。他就在船舷上刻上记号,船靠岸后,他从刻记号的地方跳下去找剑。比喻办事刻板,不知变通。

出处 《吕氏春秋》:"楚人有涉江者,其剑自舟中坠于水,遽契其舟曰:'是吾剑之所从坠。'舟止,从其所契者入水求之。舟已行矣,而剑不行,求剑若此,不亦惑乎?"

近义词 墨守成规、食古不化

反义词 通权达变、随机应变

接龙 刻舟求剑→剑拔弩张→张冠李戴→戴月披星→星火燎原→原形毕露

成语故事·剑拔弩张

王莽称帝后,杀了国师刘歆(xīn)的两个儿子、女儿和门人。刘歆非常伤心,又害怕自己大祸临头,于是与王涉、大司马董忠密谋兵变。

但刘歆迷信天意,要等掌管战事的太白星出现才举兵。第二年,有人向王莽告密刘歆要谋反。王莽急召刘歆等人入朝盘问,并下令将刘歆等人下狱。董忠想拔剑自杀,侍中王望见此情形就大喊:"大司马要造反了!"并召集护卫杀死了董忠。

其他将领听闻动静赶到,兵士们都拔出剑,弓上弦,形势十分紧张。更始将军史谌说:"大司马得了急性的疯病,已经把他杀了,现在没事了,大家可以收兵了。"

后来,从这里演变出成语"剑拔弩张",用来形容气势逼人,或形势紧张,一触即发。

趣味典故

一字千金

《吕氏春秋》成书后,吕不韦非常满意,命令抄出全文贴在城门上,并发出布告:"如果有人能对《吕氏春秋》增删一个字,赏黄金千两。"布告贴出后,因为吕不韦位高权重,没人愿意得罪他,所以始终没有任何人出面批评。这次悬赏的举动,使吕不韦及《吕氏春秋》名扬天下。

后来,这个故事被浓缩为成语"一字千金",现在也用来比喻文辞精当,或用来形容价值极高的作品。

王 勃

【"初唐四杰"之首】

> 课本出处
> 二年级-上册
> 语文园地

名人档案

王勃（649年或650年—676年），初唐诗人。字子安，绛州龙门（今山西河津）人，科举及第。擅长骈文，代表作品《滕王阁序》被称为"天下第一骈文"。他的诗歌代表作品有《送杜少府之任蜀州》。

名人故事

王勃出身世家，是隋炀帝时经学大儒王通的孙子，诗人王绩的侄孙。王勃自幼聪慧，很小就能写诗作赋，人们都认为他是个神童。他6岁就能写文章，10岁已饱览六经，16岁时参加考试取得优等成绩，被授朝散郎之职，成为当时最年轻的官员。唐高宗读了他写的《乾元殿颂》，惊叹不已，连称："奇才，奇才，我大唐奇才！"王勃也因此名声大振，与杨炯（jiǒng）、卢照邻、骆宾王合称"初唐四杰"，并被推为首位。

王勃的文章辞藻华丽，很多人请他写文章，家里堆满了酬谢他的金银丝帛。他写文章总是先研磨好墨汁，然后举杯畅饮，醉后即睡，一觉醒来，挥笔成章，

隋炀（yáng）帝：杨广，隋朝第二位皇帝，他将科举制度正式作为国家政策，开凿世界上最长的运河——隋唐大运河。

六经：即《易经》《尚书》《诗经》《礼记》《乐经》《春秋》，由于《乐经》可能在秦朝的焚书坑儒中遗失，因此汉代称其他五种为"五经"。

不改一字，人们称他这种作文方法为"腹稿"。

沛王李贤欣赏他的才华，召他任本府修撰。有一天，沛王与英王斗鸡，王勃以开玩笑的口吻写了一篇声讨英王鸡的檄文为沛王助兴。这篇文章传到唐高宗手里，高宗读完大怒，说："歪才，歪才！二王斗鸡，王勃身为博士，不进行劝导，反倒作檄文，有意虚构，夸大事态，此人应立即逐出王府。"因此，王勃被赶出了长安。

王勃离开长安后，旅居剑南道。有一年重阳节，他和即将远行的朋友一起登玄武山遥望故乡，感叹之余，写下了《蜀中九日》：

九月九日望乡台，他席他乡送客杯。
人情已厌南中苦，鸿雁那从北地来。

后来，朋友给王勃谋了个虢（guó）州参军之职。这期间，王勃藏匿犯有死罪的官奴，后又害怕走漏消息，就把此人杀了。结果事情败露，罪当斩，恰逢朝廷大赦，免除了死罪。但他的父亲却因此事降职为交趾（今越南境内）县令。

王勃出狱后，前往交趾看望父亲。路过南昌时，刚好滕王阁落成，洪州都督阎公大宴宾客，召集文人作文记事，并让女婿提前备下文章，以帮其扬名。

大家知道阎公的小心思，所以都知趣地推辞了。轮到王勃时，他却当仁不让，拿起笔就写。全场鸦雀无声，阎公气极了，以更衣为由甩袖离席。

阎公在后堂，叫人去看看王勃写了什么。

第一报传来："豫章故郡，洪都新府。"阎公不以为然地说，这不过老生常谈。

接着第二报传来："星分翼轸（zhěn），地接衡庐。"阎公听了沉默不语。

等听到"落霞与孤鹜齐飞，秋水共长天一色"时，阎公突然站起来说："真是少有的天才！"他十分高兴地邀请王勃共饮。

饮酒尽兴后，王勃向阎公告别，阎公赠给他百匹细绢以作酬谢。随后王勃乘船而去。到了炎热的南方，王勃见到了父亲，不久又踏上归途。时值夏季，南海风急浪高，王勃不幸掉进海里，死时只有二十几岁。

学习园地

日积月累

送杜少府之任蜀州
[唐]王勃

城阙辅三秦,风烟望五津。
与君离别意,同是宦游人。
海内存知己,天涯若比邻。
无为在歧路,儿女共沾巾。

注释
- 城阙(què):即城楼,指唐代京师长安城。
- 辅:护卫。
- 三秦:指长安城附近的关中之地。秦朝末年,项羽破秦,把关中分为三区,分别封给秦国的3个降将,所以称三秦。
- 五津:指岷江的5个渡口——白华津、万里津、江首津、涉头津、江南津。这里泛指蜀川。
- 歧(qí)路:岔路。古人送行常在大路分岔处告别。

译文

三秦之地护卫着巍巍长安,透过那风云烟雾遥望着蜀川。

和你离别心中怀着无限情意,因为我们同是在宦海中浮沉的人。

四海之内有知心朋友,即使远在天边也如近在比邻。

绝不要在岔路口上分手之时,像恋爱中的青年男女那样悲伤得泪湿巾帕。

成语课堂

鸦雀无声

释　义　连乌鸦、麻雀的声音都没有，形容非常静。

出　处　北宋·苏轼《绝句三首》："天风吹雨入阑干，乌鹊无声夜向阑。"

近义词　寂静无声、万籁俱寂

反义词　人声鼎沸、沸反盈天

接　龙　鸦雀无声→声嘶力竭→竭尽全力→力透纸背→背水一战→战无不胜

趣味典故

投笔从戎

王勃在短短700余字的《滕王阁序》中，用典达40多处，其中就有"投笔从戎"。

这个典故来自班超。相传班超家境贫困，只好为官府抄写文书，赚取微薄薪水。他时常扔下笔，叹息："大丈夫应效法傅介子、张骞，立功边疆，怎能长久干这文书工作，将生命耗费在笔砚之间呢？"旁人都嘲笑他，他却说："凡夫俗子怎能理解仁人志士的襟怀呢！"终于有一天，班超决定不再抄写文书，而去从军报效国家。

后来，这个故事被浓缩为成语"投笔从戎"，用来指弃文从军，报效国家。

班超：32年—102年，东汉时期著名的军事家、外交家。他为汉朝与西域的交流作出了巨大贡献，被封为定远侯。

张骞：？—公元前114年，西汉时期著名的外交家。他两次出使西域，成功开拓了丝绸之路，被封为博望侯。

大 禹

【中国第一个王朝政权的开创者】

> 课本出处
> 二年级-上册
> 大禹治水

名人档案

禹，相传是黄帝轩辕氏的玄孙，姒姓，夏后氏，名文命。因成功治理黄河流域的洪水而被后世尊称为大禹，史书又称他为伯禹、夏禹。他创立了中国第一个王朝政权——夏，将天下规划为九个州，并制定了各州的贡物品种，所以人们有时也用九州指代全国。

黄帝：古代传说人物，姬姓，号轩辕氏、有熊氏，古代华夏部落领袖之一，《史记》中的五帝之首。

夏：中国第一个奴隶制朝代。禹的儿子启杀死原定继承人伯益即位，改变了原始部落的禅让制，开创了中国近4000年世袭王位的先河。夏朝延续470年，被商朝所灭。作为中国历史上的第一个王朝，夏朝拥有很高的地位，今天我们常用华夏代指中国。

名人故事

相传大禹是黄帝的玄孙。他的父亲叫鲧，母亲是有莘氏之女，名叫女志，也叫女嬉。大禹幼年随父亲鲧东迁，来到中原。

尧帝时，山崩地裂，黄河流域洪水泛滥，百姓苦不堪言。鲧受命治理洪水，他采用围堵的方法，也就是在岸边建河堤，但却让洪水更加泛滥，历时9年也未能解决。在鲧治水期间，尧把帝位禅让给舜，舜认为鲧治水没有成效，于是将他流放到羽山，让他的儿子大禹继任治水之职。

鲧（gǔn）：大禹的父亲，据传他发明了农具，驯服了牛。

伯益：因助禹治水有功，被舜帝赐姓嬴，是春秋战国时期秦国、赵国、徐国王室的祖先。

后稷：姬姓，周朝的始祖，又称周弃，善于种植各种粮食作物。

　　大禹受命后便与伯益、后稷一起，总结鲧治水失败的原因，改用以疏导河川为主的方式治水。大禹翻山越岭，涉水过川，拿着仪器从西向东一路测量地形，规划水道。然后带领着前来协助的百姓逢山开山、遇洼筑堤，疏通水道，引洪水入海。

　　为了治水，大禹费尽脑筋，不怕劳苦，三过家门而不入。他与涂山氏女娇新婚不久就去治水了。后来路过家门口，听到妻子分娩的呻吟声以及儿子呱呱坠地后的哭声，也因怕耽误治水没进家门。第二次经过家门的时候，他的儿子启在母亲的怀抱里挥动小手叫父亲，重任在身的大禹没有停下来，只是向妻儿挥挥手。第三次过家门的时候，10岁的儿子拉他回家，他抚摸着儿子的头说水未治平没时间回家。

　　最终，大禹带领百姓经过13年的努力，终于成功治理好了中原泛滥的洪水。

　　关于治水，还有一个夏禹化熊的传说。相传大禹具有神力，治水时会化身成一头力大无比的巨熊，以加快开山凿石的速度。而已近分娩的妻子不知大禹能化身，在上山送饭时见巨熊碎石，吓得连忙跑开，在山脚突然化为石头。等到大禹完工之后，他才知道这件事，放声大哭，连声呼唤。这时，妻子化身的石头

突然裂开，出现一个婴儿，就是大禹的儿子启。

大禹一心为公、勇于开拓，深受人民推崇，后来舜禅位于他，大禹避嫌，住在一个小镇里，将帝位让给舜的儿子商均。但天下的诸侯都拥戴大禹，于是53岁的大禹正式即位，建立了中国第一个奴隶制王朝，国号夏。

大禹为政宽仁，懂得自我反省。有一天，大禹乘车巡视民情，见到路边押解的罪犯。他连忙吩咐把车停下，问道："这个人犯了什么罪？"押送罪犯的人说："他偷别人家的稻谷被抓住了，我们把他送去治罪。"大禹听了以后，便下车来到那个罪犯的身边，问他："你为什么去偷别人家的稻谷呢？"

罪犯以为这个大人物要严厉地惩罚自己，吓得低着头不敢说话。大禹对此并不生气，他一边劝说，一边流泪。人们都很费解，其中一个人问道："他偷了人家东西，应该送去接受惩罚，首领为什么伤心地流泪？"

大禹擦了擦眼泪说："我不是为他流泪，我是为我自己流泪。以前尧和舜做首领的时候，百姓都同心同德，互相体贴；可如今我做了首领，老百姓却不和我同心同德，做出损人利己的事情来，所以我很伤心、很难过啊。"说完后大禹命令侍从在一块龟板上面刻上"百姓有罪，在予一人"8个字，下令把那个罪犯给放了。

学习园地

日积月累

中国古老的九大姓

★ 妊：伏羲妊姓。

★ 姜：炎帝神农氏姜姓。

★ 姬：黄帝姬姓。

★ 嬴：伯益因助禹治水有功，故受舜帝赐姓嬴。

★ 姚：舜帝姚姓。

★ 妘（yún）：颛顼高阳氏妘姓。

★ 妫（guī）：舜帝后代妫姓。

★ 姒（sì）：大禹姒姓。

★ 姞（jí）：黄帝后裔姞姓。

姓氏：姓为母系，氏为父系。如黄帝姬姓，轩辕氏。中国古老的姓大多为"女"字旁，这是因为中国最早是母系氏族社会。孩子都随母姓。秦汉以后，姓与氏合一，于是称姓氏。

成语课堂

山崩地裂

释　义　山岳倒塌，大地裂开。形容响声巨大。也比喻突然发生的重大变故。

出　处　东汉·班固《汉书》："山崩地裂，水泉涌出。"

近义词　天崩地裂、天翻地覆

反义词　岿然不动

接　龙　山崩地裂→裂石穿云→云蒸霞蔚→蔚然成风→风调雨顺→顺藤摸瓜

趣味典故

戒酒防微

一年春天，大禹的女儿游春在一次出行中，被一股莫名的香气吸引，于是顺着香味去寻找，找来找去，最后来到仪狄的家中。

仪狄非常擅长酿酒，他用亲手酿制的美酒款待了游春。游春感觉这酒的味道极其美妙，喝了之后全身的血液好像都活动起来了，于是把仪狄请到王宫里去酿酒，希望她父王回来也能品尝到这美酒。

大禹巡视回宫后，游春立即把美酒献给他喝，大禹喝了一口，也觉得味道很好，便接连喝了好几碗，不一会儿就喝醉了，昏睡了两天才醒过来，影响了国家政务。

大禹感叹道："如此美好的东西，我的后世子孙中，一定会有人因为陶醉于酒而误国的！"他因此疏远了仪狄，不允许仪狄再来觐见，同时下令宫内不许饮酒。

而仪狄回家之后，继续酿酒，并将这种技艺传了下来。大禹的后世子孙桀纵饮无度，甚至穷天下之财，修建了大得可以行船的酒池，最终把夏朝推向了灭亡。

几百年后，昏庸、残暴的纣王也特别爱饮酒。他建了巨大的酒池，把飞禽、牲畜的肉烤熟挂在树上，荒淫无度，结果激起了人民的反抗。周武王发动各路诸侯伐纣，最终灭商建周。真是"禹王戒酒传天下，纣王酗酒失天下"。

纣王：商朝最后一位君主。他以酒为池，悬肉为林，为人凶残成性，是暴君的代名词，成语"助纣为虐"就出自他的故事。

鲁 班

【工匠祖师】

推荐阅读

名人档案

三行： 古代对瓦匠、木匠、石匠的统称，后来泛指建筑业、造船业、运输业。

墨斗： 传统木工行业常见的工具，用来画长直线或竖直线。

钩强： 古代水战用的战争工具，可钩住或阻碍敌方战船。

鲁班（约公元前507年—公元前444年），春秋末期著名的工匠家。相传姓公输，名班，又称公输般，因为他是鲁国人，所以被称为鲁班并广泛流传。鲁班被后世尊为工匠祖师，三行工匠都奉他为祖师爷。相传他发明了攻城云梯、锯子、墨斗、曲尺、钩强等。

名人故事

鲁班善于观察生活，能从习以为常的小事中发现规律，相传锯就是这样被他发明出来的。有一次，鲁班受命建筑一座巨大的宫殿，需要很多木料，鲁班让徒弟们上山砍伐树木。徒弟们用斧头砍伐，又累又慢，就算起早贪黑拼命干，也砍不了多少树木，导致工程进度缓慢。眼看离宫殿的竣工期限越来越近，鲁班心急如焚，他决定亲自上山察看砍伐树木的情况。

上山时，他不小心被野草的叶子划破了手。鲁班很奇怪柔软的小草为何能割破手，于是摘下一片叶子来仔细观察，发现叶子两侧长着许多细齿，这些细齿非常锋利，他的手就是被这些细齿划破的。不久，他又看到一只大蝗虫在草上啃吃叶子，它的嘴一开一合，很快就吃下一大片。鲁班抓住一只蝗虫，仔细观察蝗虫的口部，发现蝗虫的两颗大板牙上同样排列着许多细齿，蝗虫正是靠这些细齿来咬断草叶的。

鲁班想，如果把砍伐工具做成锯齿状的，应该也很锋利吧？

他做了一条带有许多细锯齿的竹片，用它锯小树，几下就把树皮锯破了，再用力拉几下，小树干就出现了一道沟，鲁班非常高兴。但是竹片软，拉了一会儿，细锯齿不是折断，就是被磨平，需要更换竹片。这样不仅会影响砍伐树木的速度，而且也会浪费大量的竹片。鲁班想到了铁片，他立即下山，让铁匠制作带有细锯齿的铁片。做好后，鲁班带着它去锯树。他和徒弟各拉一端，不一会儿就把一棵树锯断了，省时又省力。锯就这样被鲁班发明出来了。

今天我们使用的伞也与鲁班有关。相传鲁班的妻子每天给他送饭，经常被日晒雨淋，于是鲁班和徒弟们就在路上造了歇脚亭。亭子造好了，鲁班请妻子来看。她看了看，说："这法子是不错，既能防晒，又能躲雨。不过，不能一直待在亭子里不走啊！"

鲁班说："难道你能让亭子长腿跟着吗？"

"亭子长腿！"鲁班的妻子一听，马上有了好主意。

回到家，她以竹子为骨架做了一个小亭子，再将兽皮缝在上面。用时就撑开，不用时就收起来。她撑着新的发明走到鲁班面前，说："你看，这亭子不是长腿了吗？"

鲁班一看，又惊又喜，连说："佩服，佩服！"

从此就有了伞。到现在,伞的花样越来越多,但撑开后,还是像个小小的亭子。

除此之外,还有许多关于鲁班的故事。比如,工匠刨木时,顶着木料的橛子,有人叫它班妻。传说鲁班刨木时,都是妻子替他按着木料,后来他在木料前钉上橛子,代替了妻子的工作,使妻子不再劳累。

后人为了歌颂鲁班对人类的贡献,把许多著名建筑物都说成是鲁班修造的。比如河北省的赵州桥,原本是隋代大匠李春设计修建的,但是民间流传是鲁班修建的,还有歌谣流传:"赵州桥来,什么人修?……赵州桥来,鲁班修!……柴王爷推车压了一道沟!"人们还把一种相传是诸葛亮根据八卦学原理发明的玩具称为鲁班锁。

中国还设立了"鲁班奖",全称是"中国建设工程鲁班奖",这是中国建筑业工程质量的最高荣誉。

学习园地

日积月累

有关鲁班的歇后语

★ 鲁班的手艺——巧夺天工
★ 鲁班的锯子——不错（锉）
★ 鲁班门前弄大斧——献丑

有关鲁班的成语

◎ 能工巧匠

释义 指技艺、技术精湛的工匠。

◎ 输攻墨守

释义 输：指公输般，即鲁班。墨：墨子。比喻只要有一种攻击的战术，就会有防守的方法。

◎ 鬼斧神工

释义 像是鬼神制作出来的。形容建筑、雕塑、文学艺术等技术精巧，好像不是人力所能达到的。

◎ 规圆矩方

释义 比喻够标准，合法度。

◎ 班门弄斧

释义 在鲁班门前摆弄斧子。比喻在行家面前卖弄本领。

成语课堂

心急如焚

释 义 心里急得像火烧一样。形容极其焦急的心情。

出 处 元·王实甫《西厢记》:"要看个十分饱。"金圣叹批:"心急如火,更不能待。"

近义词 迫不及待、心急火燎

反义词 不慌不忙、从容不迫

接 龙 心急如焚→焚林而田→田夫野老→老生常谈→谈笑风生→生龙活虎

《西厢记》:中国"六才子书"之一。最早取材于唐代诗人元稹所写的传奇《会真记》(又名《莺莺传》),后被元代王实甫改编为杂剧,被称为"元杂剧的压卷之作"。

趣味典故

班门弄斧

明代诗人梅之焕到采石矶(在今安徽马鞍山市西南长江东岸)凭吊唐代大诗人李白,结果看到墓地周围凡是能写字的地方,全是游人写的打油诗。他非常气愤,感慨万千之余,也提笔写了一首:

采石江边一堆土,李白之名垂千古。
来来往往一首诗,鲁班门前弄大斧。

这首诗的大意是:李白是千古有名的诗人,而这些来来往往的人却要在诗仙面前炫耀自己,简直就像在鲁班门前耍弄斧头一样可笑。后来,其中的"鲁班门前弄大斧"被简略为成语"班门弄斧",用来比喻在行家面前卖弄本领,不自量力。

刘 向

【中国目录学的鼻祖】

> **课本出处**
> 二年级 - 上册
> 狐假虎威

名人档案

刘向（公元前77年—公元前6年），西汉经学家、目录学家、文学家。原名更生，字子政。刘向博览群书，精通天文星象。著有《别录》《说苑》《列女传》等书，并且编订了《战国策》《楚辞》《山海经》。

《战国策》：中国古代的国别体史学名著，全书按东周、西周、秦国、齐国、楚国、赵国、魏国、韩国、燕国、宋国、卫国、中山国依次分国编写，共33卷，约12万字。主要记述了战国时期说客们的言行。

《楚辞》：中国文学史上第一部浪漫主义诗歌总集，由西汉刘向编辑成集。楚辞是以屈原为代表的战国时期楚国诗人所创作的一种文体。楚辞的代表作家有屈原、宋玉等人。

名人故事

刘向是汉高祖刘邦异母弟楚元王刘交的五世孙，汉朝宗室大臣，文学家，中国目录学的鼻祖。

刘向在天禄阁校勘藏书时，每校一部书，都会把主旨、提要、重点等记录下来，后来他把这些记录汇编成了《别录》。

刘向从小博览群书，精通天文星象。相传一天晚上，一位黄衣老者执杖走进天禄阁，他见刘向正独自在昏暗的灯下读书，于是向手杖的顶端吹了一口气，杖端立刻放出光芒，照亮了室内。老者跟刘向说起天地初开的情景，并传授他天文知识。刘向急忙撕开衣袍，解下腰带，记下老者讲授的内容。

汉高祖：刘邦，字季，为汉代开国皇帝，中国历史上第一位平民出身的皇帝。

黎明时，老者起身要走，刘向才想起问老者的姓名。老者说："我是天上的太乙真人，听说刘姓中出了一个博学的人，就到下界来看看。"说完还从怀中取出一本关于天文地理的书交给他。

刘向为人耿直、廉洁，在官场中多次因进谏被贬斥，甚至下狱，于是他改变了做事的方法，开始编写故事，希望皇帝能在阅读故事的过程中得到教益。他编撰的故事有《叶公好龙》《三人成虎》《鹬蚌相争》《画蛇添足》等，像"耳听为虚，眼见为实""大鱼吃小鱼""黄雀在后"等成语也都出自他的笔下。

刘向还在《战国策》里记载了苏秦刻苦学习的故事。战国时期，有个人叫苏秦。他住在陋巷里，家里穷得连房门都没有。他挖墙为门，砍桑做窗，拱枝当框。他拜鬼谷子为师，学习一段时间后，跑到秦国想说服秦王采用他的治国策略。虽然他向秦王进谏了10多次，但都没被采纳。最后，他衣服穿破了，钱也用完了，只得离开秦国回老家。回到家时，他缠着绑腿布，穿着草鞋，背着书籍，挑着行囊，神情憔悴，脸色又黄又黑。妻子见了摇头叹息，继续低头织布；嫂子见他这副样子，扭头就走；连父母都不愿意理他。

家人这样对待自己，苏秦心里难过极了。他关起门反思："妻子不把我当丈夫，嫂子不把我当小叔，父母不把我当儿子，都是因为我不争气，学业未完而急于求成啊。"

接下来，苏秦奋发图强，找出所有书籍发愤读书。读得瞌睡时，他就用锥子刺自己的大腿，逼自己清醒。

经过几年的勤学苦读，苏秦积累了丰富的学识。他再度游说列国，最终得到器重，被六国封相。

学习园地

日积月累

刘向的优美句子

◎ 书犹药也，善读之可以医愚。

释义 书就像药一样，阅读得法就可以治愈愚昧。

◎ 无财之谓贫，学而不能行之谓病。

释义 没有财物叫作贫困，学习但不能实践叫作缺点。

◎ 少而好学，如日出之阳；壮而好学，如日中之光；老而好学，如炳烛之明。

释义 少年时喜好学习，如同初升的太阳一样灿烂；壮年时喜好学习，如同正午强烈的阳光；晚年时喜好学习，如同用蜡烛照明时的光亮。

成语课堂

奋发图强

释义 图：谋求。振作精神，努力自强。

出处 郭沫若《科学的春天》："我祝愿中年一代的科学工作者奋发图强，革命加拼命，勇攀世界科学高峰。"

近义词 奋发向上

反义词 自暴自弃

接龙 奋发图强→强人所难→难以置信→信手拈来→来之不易→易如反掌

成语故事·自暴自弃

孟子说："不值得和自我糟蹋的人谈论仁义，不值得和自我放弃的人共事。违背礼义的人，是在糟蹋自己。如果人不能心存仁爱、行事以义为准则，那就是自己放弃自己。仁，就像是一间很安全的房子；义，好比是宽广的道路。抛弃安全的房子不住、舍弃宽广的道路不走的人，真是可悲啊！"

这就是成语"自暴自弃"的来源，用来指自己轻视并糟蹋自己，甘于落后。

趣味典故

狐假虎威

老虎从山洞出来觅食，走到森林里发现了一只狐狸，便一跃身扑过去，按住了狐狸。谁料狐狸从容自如，它对老虎说："你不敢吃我，我是上天派来的百兽领袖。你如果吃掉我，就违背了上天的命令，会受到惩罚。"

老虎将信将疑，狐狸便继续说道："怎么，你不相信我的话？那你跟在我的后面，看看百兽见了我，有哪个敢不逃跑呢？"

老虎觉得这个主意不错，就和狐狸同行。果然，百兽见了它们，都纷纷奔逃。

老虎不知道百兽是害怕自己才四散狂奔的，而以为是害怕狐狸。后来，人们把这个寓言故事浓缩为成语"狐假虎威"，用来比喻依仗别人的势力欺压人。

贺知章

【诗狂】

> 课本出处
> 二年级 - 下册
> 古诗二首 - 咏柳

名人档案

贺知章（659年—约744年），唐代著名诗人、书法家。字季真，号石窗，晚年号四明狂客，越州永兴（今浙江杭州萧山）人，浙江历史上第一位有资料记载的状元。他的写景诗和抒情诗独树一帜，清新而又洒脱，代表作品有《咏柳》《回乡偶书》等。

状元：中国科举制度中的最高荣誉，是在最后一关（唐代为省试，宋代以后为殿试）中取得进士第一名的称号。中国实行科举考试的1300年间，共有状元500余人。

名人故事

贺知章出生在官宦之家，考中状元后被授予国子监四门博士，并很快得到重用。他还担任过两个太子的老师。

贺知章不但学识渊博，而且独具慧眼。

742年，李白来到长安，在紫极宫第一次见到了贺知章。李白把自己写的一些诗文给贺知章看。

贺知章非常欣赏李白，两人虽然相差40多岁，但一见如故。贺知章热情地邀请李白去酒肆对饮畅叙，不巧手头没有银两，他毫不犹豫地解下皇帝赐予的金龟佩饰，换了酒来饮。后来，贺知章又向唐玄宗推荐

国子监：隋代以后中国古代教育体系的最高学府，同时也是当时国家教育的主管机构。

博士：在古代指专门精通某一门学问或传授经学的官职。汉代设立了五经博士，对《易经》《尚书》《诗经》《礼记》《春秋》这五经中的每一项都设置一个博士官，五经博士的职责主要是传授这五部经学。

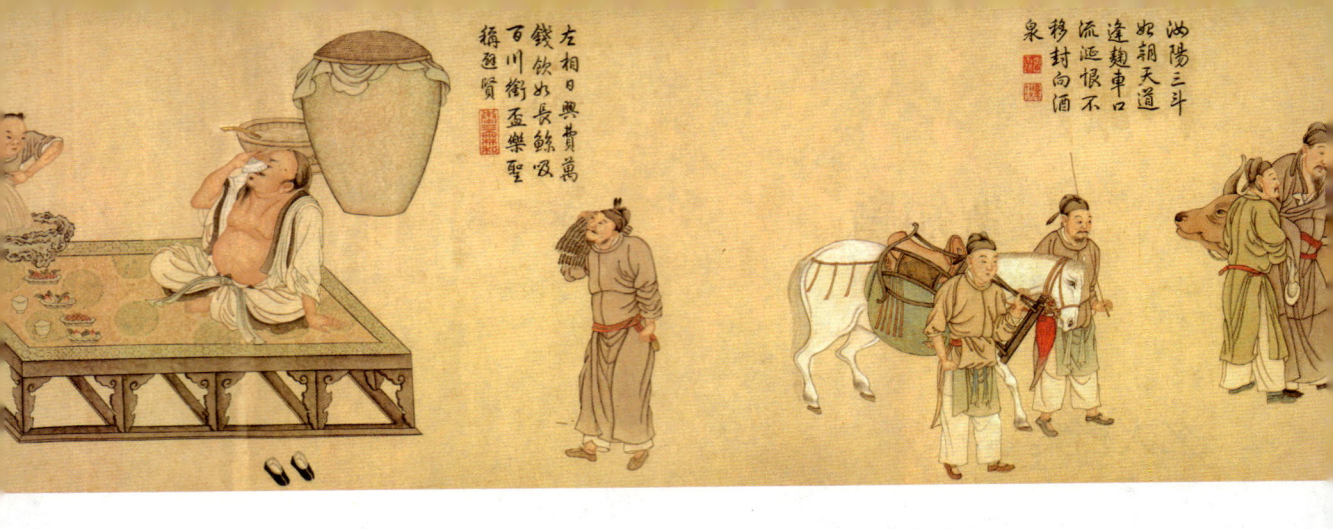

▲ 《饮中八仙》（局部）
清·程梁（最右侧马上的人是贺知章）

了李白。唐玄宗在金殿召见李白，并授翰林供奉，此后还对李白礼遇有加。

李白生性高傲，对贺知章却特别尊重。在长安生活时，贺知章、李白、张旭等人经常在一起饮酒赋诗，当时人称他们为"饮中八仙"。

贺知章因病告老还乡，离开长安时唐玄宗亲自在长安东门外设宴送行，并命文武百官赋诗相赠，盛况空前。送别的队伍中不仅有皇太子、宰相，还有当时文坛上的才俊。当然，还有他的忘年至交李白。

面对壮观而又伤感的送行场面，李白挥笔写下两首情深意长的送行诗，其中一首是《送贺宾客归越》：

镜湖流水漾清波，狂客归舟逸兴多。
山阴道士如相见，应写黄庭换白鹅。

贺知章很早就离开家乡到长安做官，所以他回到家乡时，虽然方言没有改变，但家乡的小孩们已经不认识他了。这让他产生了无尽的感慨，他情不自禁地写下了《回乡偶书》：

少小离家老大回，乡音无改鬓毛衰。
儿童相见不相识，笑问客从何处来。

同时,他也感慨家乡的变化太大,只有自家门前的那个小湖还跟之前一样,便写了另一首《回乡偶书》:

离别家乡岁月多,近来人事半消磨。
惟有门前镜湖水,春风不改旧时波。

几年后,李白途经浙江,想拜会贺知章,不料老友已离世。李白十分感伤,写下怀念他的诗篇,其中有"金龟换酒处,却忆泪沾巾""人亡余故宅,空有荷花生"等句,寄托了李白对贺知章的无限哀思。

对酒忆贺监(二首)

四明有狂客,风流贺季真。
长安一相见,呼我谪仙人。
昔好杯中物,翻为松下尘。
金龟换酒处,却忆泪沾巾。

狂客归四明,山阴道士迎。
敕赐镜湖水,为君台沼荣。
人亡余故宅,空有荷花生。
念此杳如梦,凄然伤我情。

学习园地

日积月累

咏 柳

[唐]贺知章

碧玉妆成一树高,万条垂下绿丝绦。
不知细叶谁裁出,二月春风似剪刀。

译文

高高的柳树长满了嫩绿的新叶,千万条轻垂的柳条像轻轻飘动的绿色丝带。

不知道这细细的柳叶是谁裁剪出来的呢?是那二月的春风,它就像一把灵巧的剪刀。

注释

◇碧玉:碧绿色的玉。这里指嫩绿的柳叶。
◇妆:装饰,打扮。
◇一树:满树。
◇绦:用丝编成的绳带。这里指像丝带一样的柳条。

成语课堂

情不自禁

释 义 禁：抑制。感情激动，控制不住自己。

出 处 南朝梁·刘遵《七夕穿针》："步月如有意，情来不自禁。"

近义词 不由自主、身不由己

反义词 不动声色、无动于衷

接 龙 情不自禁➡禁网疏阔➡阔步高谈➡谈古论今➡今非昔比➡比比皆是

趣味典故

笔走龙蛇

一年秋天，贺知章在府上宴请宾客。席间，他请李白赋诗助兴，李白又邀请草书大师怀素和尚挥毫以助诗兴。只见怀素凝神运气挥毫，没多久就写了很多张灵气飞动的草书。怀素和尚写完时，李白的《草书歌行》也写好了。贺知章看着书法和诗文，不禁赞叹道："上人书写，左盘右旋，真是笔走龙蛇。好字，好诗。"

很快，怀素的字，李白的诗，贺知章的评论，传遍京城。"笔走龙蛇"因此成为形容书法雄健洒脱的成语。

老 子

【道家学说的创始人】

推荐阅读

名人档案

春秋时期： 因孔子修订的《春秋》而得名。春秋结束的年代说法不一，今多将公元前770年到公元前476年称为春秋时期。

道家： 中国诸子百家中重要的思想学派之一，也是九流十家之一，在春秋战国时期以老子、庄子为代表。

◇ 聃：dān，耳朵长而大。

《道德经》：又称《老子》。全书5000余字，上篇为《道经》，下篇为《德经》。

老子（约公元前571年—约公元前471年），春秋时期的思想家，道家创始人。姓李，名耳，字聃，世人尊称为老子，《史记》记载其为楚国苦县（今河南鹿邑）人。代表作品有《道德经》。老子被尊为道教始祖，称为"太上老君"。

名人故事

老子的出生充满了神话色彩。据传，东周时期，老子从太清仙境分神化气，乘日精，驾九龙，化为五色流珠从天而降，当时玄妙王之女尹氏正在午休，感而吞之，觉而有孕。

尹氏怀胎81年后，从左肋下诞生一个男孩。这孩子一生下来就走了九步，而且已会说话。他指着院中的一棵李子树，说："这就是我的姓氏。"

尹氏见他鹤发龙颜，天庭饱满，两耳过肩，于是给他取名叫"老子"，又叫"老聃"。老子生下九天，身体便有九变，见到他的人都惊叹不已。到了6岁时，老子认为自己的耳朵大，于是给自己取了个名字——重耳。

老子自幼聪慧，喜欢安静，爱思考，好学习。他常让人讲国家兴衰、祭祀占卜、观星测象的故事。后来，母亲请了精通殷商礼乐、天文地理的商容老先生教他知识。

有一次，商容给老子讲："天地之间人为贵，众人之中王为本。"

老子问道："天为何物？"

商容说："天者，在上之清清者也。"

老子又问："清清者又是何物？"

商容说："清清者，太空是也。"

老子问："太空之上，又是何物？"

商容说："太空之上，清之清者也。"

老子问："之上又是何物？"

商容说："清之清者之上，更为清清之清者也。"

老子又问："清者穷尽处为何物？"

商容说："先贤未传，古籍未载，愚师不敢妄言。"

当晚，老子把自己的疑惑告诉了母亲，母亲也不知道答案。于是老子彻夜不眠，仰头观看日月星辰，思考天上之天为何物。

商容教老子三年后，向尹氏辞行，他说："我今天向您辞行，不是我不愿再教您的孩子，也不是您的孩子学习不勤奋，只是因为我的学识有限，而您的孩子求学无止境。您的孩子志向远大，而这个地方偏僻，信息闭塞。如想您的孩子成大器，应送他去都城深造。都城典籍如海，能人如云。如果不去都城学习，难成大器。"

于是，老子离开家乡，去了都城求学，几年之后大有长进。在老师的推荐下，他成了周王室管理藏书的官员，声名远扬。

孔子听说后，前往周朝的都城向老子请教礼的学问。几年后，孔子觉得自己学有所成，再次向老子请教礼的问题。

老子看孔子踌躇满志的样子，泼了他一盆冷水："你所说的礼，倡导它的人的骨头都已经腐烂了，只有他的言论还在。况且君子时运来了就驾着车出去做官，生不逢时就像蓬草一样随风飘转。我听说，善于经商的人从不把货物摆在明面，具有高尚品德的君子，看起来却往往像一个愚钝的人。抛弃你的傲气和过多的欲望，抛弃你做作的情态神色和过大的志向，这些对你自身都是没有好处的。我能告诉你的，只有这些了。"

孔子回到鲁国后，三天没说话。弟子们问他此行的收获，孔子说："老子，真是我的老师。鸟，我知道

它能飞；鱼，我知道它能游；兽，我知道它能跑。会飞的可以用箭去射它，会游的可制成丝线去钓它，会跑的可以织网捕获它。至于龙，我就不知道该怎么办了，它是驾着风而飞腾升天的。我今天见到的老子，大概就是龙吧！"

后来，孔子又一次拜访老子，请教仁义。

老子问："仁义是人的本性吗？"

孔子说："是的。君子如果不仁，便不能成其名，不义就不能立足社会。仁义是人的本性，离开了仁义还能做什么？"

老子又问："请问，什么叫作仁义？"

孔子说："心中坦诚、博爱，就是仁义的本质。"

老子说："这些都是浮华虚伪的言辞！天地日月星辰都按规律运行。你还是效仿自然行事、顺着规律进取吧，这才是最好的。你急着标榜仁义，如同敲鼓去找逃亡的人，鼓声越大，逃亡的人跑得越远。"

虽然被老子痛批，但后来孔子听说老子回到宋国隐居，又带着弟子前往拜访。老子见孔子来访，问道："一别十多年，听说你已经成为北方的大贤人，你得道了吗？"

孔子拜了拜，说："弟子不才，虽然精思勤习，可是空游十数载，未能入大道之门，所以特来求教。"

老子说："道，像海一样深沉，像山一样高大，遍布整个宇宙，求之不可得，论之不可及！"

孔子听了，三个月闭门不出。有一天，他猛然领悟到了道，不禁叹道："我活了51岁，真没想到宇宙是如此广阔！"

老子在周朝都城研究道德学问，直到周朝衰落了，他才离开周朝的都城往西走，准备找个地方隐居。

相传函谷关的关令尹喜是周朝大夫，他修身养性，德行高尚，当时没有人了解他。有一天，他看见东方紫气腾腾，霞光万道，不禁欣喜若狂，大呼："紫气东来，必有圣人通过。"他令人清扫街道，自己早早守在关口等候。

果然，没过多久，老子骑着青牛而来。尹喜拦住老子，邀请他到家里做客，并向他请教礼义。

他对老子说："您就要隐居了，请给我们写本书吧。"老子也知道尹喜与众不同，就写了《道德经》送给他，然后倒骑青牛而去，最后不知所终。后来，从这个故事里演变出成语"紫气东来"，用来比喻吉祥的征兆。而函谷关一带的门楣或春联都写"紫气东来"四个大字，流传至今。

《道德经》对中国的传统思想、科学、政治、文学、艺术等领域产生了深刻影响，如《淮南子》中的《塞翁失马》的故事，就体现了老子福倚祸伏的思想。

后来，人们从《道德经》短短的五千余字中，发展出上百个成语，如安居乐业、出生入死、大器晚成、得寸进尺、天长地久等。

学习园地

日积月累

老子的优美句子

◎ 上善若水，水善利万物而不争。

释义 最高境界的善行就好像水一样，水善于滋润万物而不与万物相争。

◎ 五色令人目盲；五音令人耳聋；五味令人口爽；驰骋畋猎，令人心发狂；难得之货，令人行妨。

◇畋（tián）：打猎。

释义 缤纷的色彩，使人眼花缭乱；嘈杂的音调，使人听觉失灵；丰盛的食物，使人舌不知味；纵情狩猎，使人心情发狂；稀有的物品，使人行为不轨。

◎ 合抱之木，生于毫末；九层之台，起于累土；千里之行，始于足下。

释义 合抱的大树，生长于细小的萌芽；九层的高台，筑起于每一堆泥土；千里的远行，是从脚下第一步开始走出来的。

◎ 天下难事，必作于易；天下大事，必作于细。

释义 天下的难事，都是从容易的时候发展起来的；天下的大事，都是从细小的地方一步步形成的。

◎ 信言不美，美言不信；善者不辩，辩者不善。

释义 真实的话往往不好听，好听的话往往不真实；善良的人不喜欢争辩，喜欢争辩的人不够善良。

成语课堂

天长地久

释 义 像天地一样长久,形容时间久远。也形容永远不变。

出 处 春秋·老子《道德经》:"天长地久,天地所以能长且久者,以其不自生,故能长生。"

近义词 天荒地老、天长日久

反义词 稍纵即逝、弹指之间

接 龙 天长地久➔久别重逢➔逢凶化吉➔吉祥如意➔意味深长➔长治久安

趣味典故

塞翁失马

西汉文学家刘安在《淮南子》中记载了这样一个故事:

靠近边境居住的人群中有一个精通老子思想的老人,他们家的马无缘无故跑到了胡人的地界。人们都前来慰问他。

他说:"这怎么就不能是一件好事呢?"

过了几个月,那匹马带着胡人的良马回来了。人们都前来祝贺他。

他说:"这怎么就不能是一件坏事呢?"

过了一段时间,他的儿子在骑马时从马上掉下来摔断了腿。人们都前来安慰他。

他说:"这怎么就不能是一件好事呢?"

过了一年,胡人大举入侵,青壮年男子都应征入伍,绝大部分战死。唯独他家儿子因为腿瘸免于征战,得以保全性命。

后来,从这个故事中演变出成语"塞翁失马",用于比喻虽然暂时遭受损失,却也许因此得到好处。也指坏事可能转变成好事。

孟 子
【亚圣】

> 课本出处
> 二年级－下册
> 揠苗助长

名人档案

孟子（约公元前372年—约公元前289年），战国时期的思想家、政治家、教育家。姬姓，孟氏，名轲，字子舆，邹国（今山东邹城）人。儒家代表人物，被尊称为"亚圣"，与孔子合称为"孔孟"。代表作品《孟子》为"四书"之一。

儒家：又称儒学、孔孟思想、孔儒思想。

四书：南宋时朱熹将《论语》《孟子》《大学》《中庸》合在一起称"四书"。此后，"四书"一直是科举必考内容。

名人故事

孟子小时候非常调皮，为了让他接受好的教育，孟母花了很多心血。刚开始，他们住在墓地旁边。孟子就和邻居的小孩一起玩办丧事的游戏。孟母看到后想："我不能让我的孩子住在这里了。"

孟母带着孟子搬到市集旁边。孟子又和邻居的小孩玩做生意的游戏，一会儿鞠躬欢迎客人，一会儿招待客人，一会儿和客人讨价还价。孟母心想："这个地方也不适合我的孩子居住！"

于是，他们又搬家了。这一次，他们搬到了学校附近。孟子开始变得守秩序、懂礼貌、喜欢读书。孟母很满意地说:"这才是我儿子应该住的地方呀!"这就是"孟母三迁"的故事。

但孟子贪玩,有时会逃学。有一天,孟子放学回家,孟母正在织布,见他回来便问:"学习怎么样了?"

孟子漫不经心地回答:"跟过去一样。"

孟母见他无所谓的样子,十分恼火,就用剪刀把织好的布剪断了。孟子见状害怕极了,就问母亲:"为什么要发这样大的火?"

孟母说:"你荒废学业,如同我剪断这布一样。有德行的人通过学习来树立名声,通过请教来增长知识。所以日常生活能平安无事,做起事来也可以避开祸害。如果现在荒废了学业,将来就免不了做苦力,而且难以避免祸患。"

从此,孟子从早到晚勤学苦读,并拜子思的学生为老师,终于成了天下有名的大儒。

孟子仿效孔子,带着学生游说各国。他经常用寓言故事来说服对方,如《学弈》《揠苗助长》《五十步

子思: 公元前483年—公元前402年,战国时期儒家的代表人物之一。姓孔,名伋(jí),孔子的孙子,相传著有《中庸》一书。

笑百步》等。

齐宣王曾向孟子请教称霸天下的治国方针。孟子说:"听说您爱好音乐,有这回事吗?"

齐宣王脸红了,不好意思地说:"我不爱好古典音乐,只爱好流行音乐,怎么了?"

孟子说:"只要您真的非常爱好音乐,不管是流行音乐还是古典音乐,那么齐国都能称霸。"

齐宣王说:"说来听听。"

孟子不直接给出答案,而是问道:"您认为是独自欣赏音乐更快乐,还是与别人一起欣赏音乐更快乐?"

齐宣王说:"与别人一起欣赏更快乐。"

孟子接着问:"是与少数人一起欣赏音乐更快乐,还是与多数人一起欣赏音乐更快乐?"

齐宣王说:"与多数人一起欣赏更快乐。"

孟子说:"独乐乐不如众乐乐。只要能与民同乐,国家就会强盛。"

又有一天,齐宣王问孟子:"我听说周文王有一处猎场,方圆70里,有这回事吗?"

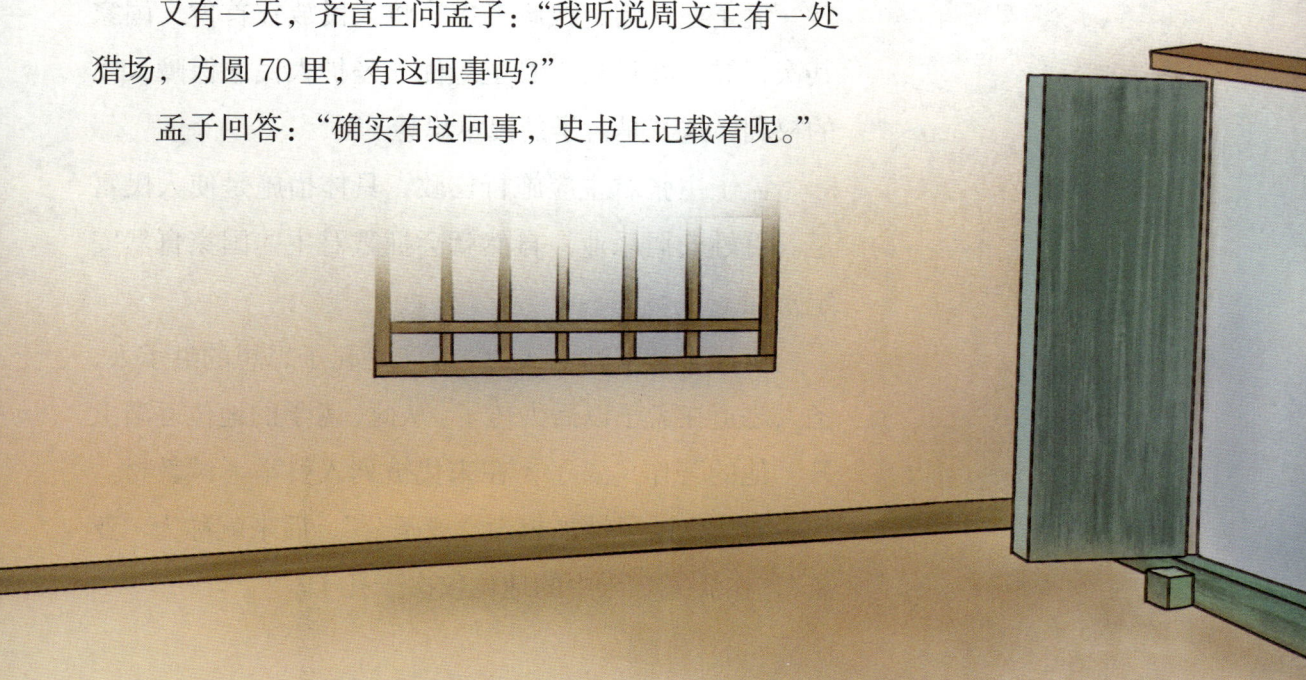

孟子回答:"确实有这回事,史书上记载着呢。"

齐宣王说:"竟然这么大?"

孟子说:"老百姓还嫌小呢。"

齐宣王说:"我的猎场方圆只有40里,老百姓却嫌大了,为什么呢?"

孟子说:"文王的猎场和老百姓一起用,砍柴割草的能去,捕兽打鸟的也能去,老百姓们认为太小,不是很自然吗?我听说杀了您猎场里的麋鹿,就与杀人同罪。这相当于挖了个方圆40里的大陷阱,老百姓认为太大,不是很自然吗?"

可是齐宣王不认同孟子的观点,孟子只好离开齐国。他后来隐居,与弟子一起,写下《孟子》一书。在书中,他提出了"性善论"(后来又有人提出了与之相反的"性恶论")。孟子认为,人性是向善的,人生来都有同情心。这种观点对中国传统思想产生了深远的影响,宋代以后流传的《三字经》第一句话就是"人之初,性本善"。"性善论"成为儒家的正统思想。

孟子还认为,执政者应当将人民放在首位,国家其次,君主在最后,君主应优先爱护人民、保障人民的权利,这就是孟子的民本思想。

孟子主张君主应施行仁政,具体措施是使人民富足。百姓安居乐业,自然就会拥戴君主,国家自然安定富强。

唐代文学家韩愈认为,孟子是孔子思想的继承人,圣人之道在孟子以后失传了。从此,孟子的地位逐渐上升。他的著作《孟子》在宋代被列入科举考试教材。到了元代,孟子被加封为"亚圣公",后来就称为"亚圣",在儒家学派中的地位仅次于孔子。

性恶论: 在先秦儒家中,有一派反对孟子的性善论,主张性恶论,这一派的代表人物就是荀子。荀子认为,人生来就是饿了想吃饱,冷了想穿暖,累了想休息,这是人的本性,也是人性恶的表现;而善的道德意识是后天人为教育的结果。

学习园地

日积月累

学 弈
[战国]孟子

弈秋，通国之善弈者也。使弈秋诲二人弈，其一人专心致志，惟弈秋之为听；一人虽听之，一心以为有鸿鹄将至，思援弓缴而射之。虽与之俱学，弗若之矣。为是其智弗若与？曰：非然也。

注释

◇弈（yì）秋：弈，下棋。秋，人名，因他善于下棋，所以称为弈秋。
◇通国：全国。
◇诲：教导。
◇惟弈秋之为听：只听弈秋的教导。
◇鸿鹄：指大雁、天鹅一类的鸟。
◇援：引，拉。
◇缴：古时带丝绳的箭。
◇弗：不。

译文

弈秋是全国最擅长下棋的人。让弈秋教两个人下棋，其中一人专心致志地学习，只听弈秋的教导；另一人虽然也听弈秋的教导，却一心以为有大雁要飞来，想要拉开弓箭将它射下来。虽然他们两人一起学习下棋，但后者的棋艺不如前者。难道是因为他的智力比别人差吗？孟子说：不是这样的。

成语课堂

揠苗助长

释义 也作拔苗助长。原指把苗拔起来，帮助苗快长，结果苗反而枯死了。比喻违反事物发展的客观规律，急于求成，只能事与愿违。

出处 战国·孟子《孟子》："宋人有闵其苗之不长而揠之者，茫茫然归，谓其人曰：'今日病矣，予助苗长矣！'其子趋而往视之，苗则槁矣。"

◇闵（mǐn）：同"悯"，忧虑。

近义词 欲速不达、急于求成

反义词 循序渐进、因势利导

接　龙 揠苗助长→长幼尊卑→卑躬屈膝→膝痒搔背→背信弃义→义无反顾

趣味典故

五十步笑百步

战国时期，各国经常发动战争，孟子周游列国，想说服各国停止战争。有一次，孟子去见梁惠王，梁惠王说："我治理国事，真是尽心尽力了！河内遇到饥荒，我就把河内的灾民迁移到河东，又将河东的粮食运到河内来赈济。当河东遇到饥荒，我也是这样处理。看看邻国，没有一个国君像我这样用心，但是邻国的百姓没有减少，而我国的百姓也没有增多，这是为什么呢？"

孟子说："您喜欢打仗，我就用战争来做个比喻。战鼓敲响，两军交锋。战败的士兵丢盔弃甲，有的逃了五十步就止步了，有的逃了一百步才停下来。如果逃了五十步的人取笑逃了一百步的，说他胆小，这样对不对呢？"

梁惠王说："这是不对的，只不过没跑一百步而已，但逃了五十步也是逃跑啊！"

孟子说："您既然明白这个道理，就不要奢望百姓会比邻国多了。彼此都不管百姓死活，怎能期望更多人来归附呢？"

后来，这个故事被浓缩为成语"五十步笑百步"，用来比喻缺点或错误性质相同，只是程度轻重不同。

杜 甫

【诗圣，唐代伟大的现实主义诗人】

> 课本出处
> 二年级-下册
> 古诗二首-绝句

名人档案

杜甫（712年—770年），唐代诗人，被后人誉为"诗圣"。字子美，号少陵野老，曾任左拾遗、检校工部员外郎，曾隐居成都草堂，世称杜拾遗、杜工部、杜草堂。杜甫与李白并称"李杜"。他的诗因其社会时代意义被誉为"诗史"。代表作品有《春望》《登高》《茅屋为秋风所破歌》《江南逢李龟年》等。

李杜：指李白和杜甫，也称为"大李杜"，以区别于晚唐李商隐、杜牧的合称"小李杜"。

名人故事

杜甫出生在官宦之家，祖父杜审言是武则天时期的知名政治家和诗人，与李峤（qiáo）、崔融、苏味道一起被称为"文章四友"。

杜甫从小就好学，而且有机会接受各种文化艺术的熏陶。他读书破万卷，下笔如有神，7岁就能作诗，15岁便名扬天下。因为才华出众，喜欢提携新人的大文豪李邕主动寻找机会想见他一面，大诗人王翰愿意与他成为邻居。

杜甫24岁时参加进士考试，主考官担心杜甫的才

风
[唐]李峤
解落三秋叶，能开二月花。
过江千尺浪，入竹万竿斜。

华超过自己，所以不予录取。落榜后，杜甫漫游各地。他来到齐鲁大地，登上泰山，看到泰山的巍峨气势和秀丽景色，写下了《望岳》：

岱宗夫如何？齐鲁青未了。
造化钟神秀，阴阳割昏晓。
荡胸生曾云，决眦入归鸟。
会当凌绝顶，一览众山小。

杜甫35岁时，唐玄宗诏天下"通一艺者"到长安应试，他去参加了考试，但因主考官宰相李林甫担心录取这些考生，会危及自己的地位，于是这届考生一个也没被录取。

仕途失意的杜甫流落长安街头，靠给人写诗和卖药为生。没有稳定的收入，杜甫无法养活自己，只好到处漂泊。

后来，唐玄宗举行三大祭祀盛典，杜甫进献了文章。唐玄宗喜欢他的文章，让他在集贤院等待诏命。但因为主试是李林甫，杜甫依然没能得到官职。

几年后，杜甫才被授河西尉。他嫌官职太低，没有接受任命，后来改为右卫率府胄曹参军（兵器库管员），40多岁的杜甫迫于生计，接受了这一所学无用的职位。

同年，杜甫回乡省亲，却发现小儿子已经饿死。想到10年的感受和回乡途中的见闻，杜甫写出了《自京赴奉先县咏怀五百字》，诗中的"朱门酒肉臭，路有冻死骨"成为千古名句。

不久，安史之乱爆发，唐肃宗继位。杜甫安顿好

安史之乱： 安禄山与史思明跟唐皇室争夺统治权的内战及动乱，是唐王朝由盛转衰的转折点。由于叛乱的发起者为安禄山与史思明，故而事件被称为安史之乱。

家人，只身北上，投奔皇帝，却在途中不幸被叛军捉住，被押回长安。他见昔日繁华的长安城已破败不堪、满目疮痍，于是有感而发，写下了《春望》。

被关押期间，杜甫看着窗外的明月，想起家中的妻儿，写下了《月夜》。由于他的官职太低，叛军不留意他，所以他找机会逃了出来。

后来，杜甫有很长一段时间定居四川。在朋友的帮助下，他在成都郊外建起一座草堂，称杜甫草堂。在四川的这段时间，杜甫生活安定，对生活也有了新的希望，于是写下了赞美诗《春夜喜雨》《绝句》等。

杜甫写诗既不是想取悦权贵，也不是要粉饰太平，而是表达哀国悲己的忧郁情感。有一年秋天，狂风大作，卷飞了他草堂屋顶的茅草，接着风雨交加，全屋漏雨，他写下了《茅屋为秋风所破歌》，说："安得广厦千万间，大庇天下寒士俱欢颜！"

他对统治者只顾享乐、不思百姓疾苦的做法极度愤恨，写下了流传千古的《丽人行》。这首长诗大胆地讽刺了皇家奢侈无度的生活，而成语"炙手可热"也是源自本诗。

55岁时，老病孤愁的杜甫独自登上夔州白帝城外的高台，向远处眺望，萧瑟的秋江景色引发了他对自己一生飘零的感慨，就有了这首被誉为"七律之冠"的《登高》。

身处多事之秋的杜甫忧国忧民，坚持自己的气节。他在有生之年不受重视，但到了宋代，他的声名达到了顶峰，后人把他称为"诗圣"。

月 夜

今夜鄜州月，闺中只独看。
遥怜小儿女，未解忆长安。
香雾云鬟湿，清辉玉臂寒。
何时倚虚幌，双照泪痕干。

春夜喜雨

好雨知时节，当春乃发生。
随风潜入夜，润物细无声。
野径云俱黑，江船火独明。
晓看红湿处，花重锦官城。

绝 句

两个黄鹂鸣翠柳，
一行白鹭上青天。
窗含西岭千秋雪，
门泊东吴万里船。

登 高

风急天高猿啸哀，
渚清沙白鸟飞回。
无边落木萧萧下，
不尽长江滚滚来。
万里悲秋常作客，
百年多病独登台。
艰难苦恨繁霜鬓，
潦倒新停浊酒杯。

学习园地

日积月累

春　望
[唐]杜甫

国破山河在，城春草木深。
感时花溅泪，恨别鸟惊心。
烽火连三月，家书抵万金。
白头搔更短，浑欲不胜簪。

注释

- 国：国都，指长安（今陕西西安）。
- 破：陷落。
- 城：长安城。
- 草木深：指人烟稀少。
- 烽火：古时边防报警的烟火，这里指安史之乱的战火。
- 三月：正月、二月、三月。
- 抵：值，相当。
- 白头：这里指白头发。
- 搔：用手指轻轻地抓。
- 浑：简直。
- 欲：想，要。
- 胜：经受，承受。
- 簪（zān）：古人用来固定发髻或将帽子连在头发上的一种长针。

译文

国都沦陷，城池破碎，虽然山河依旧，可春天的长安城杂草丛生，树木苍苍。

感伤战败的局面，看到花开不禁潸然泪下，怨恨别离，听到鸟叫声也很揪心。

连绵的战火蔓延了整个春天，家人的书信难以收到，一封家书珍贵得能抵上万两黄金。

愁绪缠绕，搔头思考，白发越搔越短，简直都快要不能插簪了。

成语课堂

多事之秋

释　义　多事：事故或事变多；秋：时期。变故很多的时期。多用于形容国家不安定。

出　处　五代宋·孙光宪《北梦琐言》："所以多事之秋，灭迹匿端，无为绿林之嚆矢也。"

◇嚆（hāo）矢：响箭。

近义词　多灾多难、风雨飘摇

反义词　太平盛世、国泰民安

接　龙　多事之秋→秋高气爽→爽心悦目→目中无人→人微言轻→轻车熟路

趣味典故

炙手可热

宰相李林甫死后，唐玄宗宠爱贵妃杨玉环，不理朝政，把国家大事交由国舅杨国忠处置。杨国忠结党营私，把整个朝廷搞得乌烟瘴气。三月三这一天，杨氏兄妹在曲江大搞野游盛宴。

杜甫听到这件事后，非常气愤，写下了长诗《丽人行》。后来，人们从诗句"炙手可热势绝伦，慎莫近前丞相嗔"中提炼出成语"炙手可热"，以此来比喻权势大，气焰盛，人们不敢接近。

达·芬奇

【西方"文艺复兴三杰"之一】

> 课本出处
> 二年级-下册
> 小毛虫

名人档案

达·芬奇（1452年—1519年），全名列奥纳多·达·芬奇，意大利文艺复兴时期的画家、自然科学家、工程师。他在绘画、音乐、数学等多个领域都有显著成就。作为"文艺复兴三杰"之一，他的代表作品有《蒙娜丽莎》《最后的晚餐》等。为了纪念他的伟大成就，小行星3000被命名为"列奥纳多"。

文艺复兴：14世纪至16世纪欧洲新兴资产阶级思想文化运动。

文艺复兴三杰：有前三杰与后三杰之分。前三杰为但丁、彼特拉克、薄伽丘；后三杰为达·芬奇、米开朗琪罗、拉斐尔。

名人故事

达·芬奇在很小的时候就非常喜欢画画。相传有个人做了面盾牌，请达·芬奇的父亲在盾牌上画幅画。父亲把这作为锻炼儿子创作的机会。

达·芬奇在盾牌上画了一个口喷黑烟、浑身燃烧的怪兽，父亲看后吓了一跳，因为这怪兽栩栩如生。

这幅画被达·芬奇的父亲卖掉了，最后被米兰的公爵收藏。父亲的朋友、著名画家和雕塑家韦罗基奥看了达·芬奇的画后，很愿意收他为徒。于是14岁的达·芬奇就进入韦罗基奥的画坊学习绘画。

韦罗基奥的教育方式很独特，他要求所有学生学习解剖学。在此后的30年，达·芬奇共解剖了30具不同性别、年龄的人体，还解剖过牛、鸟、猴、熊、蛙等动物，对各种动物的身体结构很了解。

基于人体解剖学的研究，达·芬奇设计出了史上第一个机器人。这个被称作达·芬奇机器人的设计大约是在1495年完成的，但直到20世纪50年代设计草稿才被发现。

达·芬奇的一生非常传奇，至今还流传着很多关于他的小故事，比如达·芬奇画蛋的故事。

韦罗基奥是位非常严格的老师，指导达·芬奇的第一天，他让达·芬奇画蛋。

达·芬奇很快就画了几张，可是老师让他继续画，并且一连几天都是如此。达·芬奇终于不耐烦了，向老师提出疑问。

韦罗基奥说："世界上没有两个完全相同的蛋，即使是同一个蛋，观察的角度不同，光线不同，也会导致它的形状看起来不一样。画蛋能提高你的观察能力，让你更好地发现每个蛋之间的细微差别，还能锻炼你的手眼协调能力，做到得心应手。"

从此，达·芬奇认真地学习画蛋，努力将各种绘画技巧融于其中。他废寝忘食地训练基本功，学习各类知识，终于成了伟大的画家。

达·芬奇在很多领域都取得了巨大的成就。除了绘画珍品、著作《绘画论》，他还留下大量笔记手稿，其中最有价值的72页被称作《哈默手稿》，包含对力学、天文学、建筑学、岩石和化石的介绍和相关的手稿草图。

神奇的是，达·芬奇留下的手稿是用镜像文字写成的。这些手稿不仅文字顺序是反的，而且连字母顺序也是反的，我们需借助镜子才能阅读。

达·芬奇非常喜欢研究飞行现象。他做了鸟类飞行的详细研究，同时设计了几种飞行器，包括以4个人力为动力的直升机以及轻型滑翔翼。1496年，他曾测试了一部自制飞行器，但以失败告终。

由于达·芬奇曾任军事工程师，他的手稿中也包含了几种军事机械的设计：机枪、以人力或马拉动的武装坦克、子母弹、军用降落伞、以猪皮制成的含呼吸软管的潜水服，等等。不过，后来他认为战争是人类最坏的活动。

此外，达·芬奇还曾计划用凹面镜收集阳光来烧开水。

尽管他的大多数发明在当时并未实现，但今天仍有许多模型在达·芬奇博物馆展览，供人领略这位伟大发明家超越时代数百年的奇思妙想。

学习园地

日积月累

达·芬奇的优美句子

★ 你只要尝试过飞翔，日后走路时也会仰望天空，因为那是你曾经到过并渴望回去的地方。

★ 批评一件你不了解的事情，比赞美它更可恶。

★ 微小的知识使人骄傲，丰富的知识使人谦逊。所以空心的禾穗高傲地举头向天，而充实的谷穗则低头向着大地。

成语课堂

得心应手

释义 原指技艺熟练，心里想怎么做，手便能做出来。比喻做事顺手如意。

出处 战国·庄子《庄子》："不徐不疾，得之于手而应于心。"

近义词 游刃有余、挥洒自如

反义词 力不从心、进退维谷

接龙 得心应手→手足无措→措手不及→及时行乐→乐极生悲→悲欢离合

成语故事·游刃有余

庄子讲过一个庖丁解牛的故事。

庖丁为文惠君分卸一头牛，动作美妙，声音动听。文惠君赞叹地问："你是怎么做到的？"

庖丁说："刚开始解牛的时候，眼睛看到的就是头牛，根本无从下手；3年之后眼睛已能看到牛的筋骨；现在可以不用眼看，完全靠感觉来动刀了。依循着牛体天然的组织结构，削劈筋骨间的空隙，然后把刀子引向骨节的孔穴，牛就分卸完成了。好点儿的厨子每年换一把刀，因为他用切割的方式来解牛；普通厨子每月换一把刀，因为他用硬砍的方式来解牛。我这把刀已使用了19年，分卸过几千头牛，仍然像刚磨的。那是因为我解牛的技术熟练，刀在牛的骨头缝里自由移动，没有一点儿阻碍，游刃必有余地。"

后来，从这里演变出成语"游刃有余"，用来比喻做事熟练，解决困难、问题轻松利索。

李时珍

【药圣,《本草纲目》的作者】

> 课本出处
> 二年级-下册
> 语文园地

名人档案

李时珍(1518年—1593年),明代医药学家。湖北蕲州(治今湖北蕲春)人,中国古代名医,重视临床实践与革新,被尊称为"药圣"。他的作品《本草纲目》被誉为"东方药物学巨典"。

名人故事

李时珍的爷爷和父亲都是名医,因此他从小就对医学很感兴趣。读书期间,他广泛学习各种知识,尤其热爱医学,但是父亲却让他考科举,希望他做官,因为当时人们并不尊重医生。

李时珍14岁便中了秀才,但接连3次乡试都没中举,于是开始随父亲学医。

当时的富顺王想废掉嫡子,立宠爱的庶子。恰巧嫡子生病,李时珍进献汤药,说:"这药叫附子和气汤。"富顺王明白了其中的含义,于是立嫡子为王位继承人。

楚王听到李时珍的行医传闻后,召他主管王府医疗事务。有一天,楚王的嫡子突然昏迷,李时珍妙手回春,治好了他。于是楚王将他推荐给朝廷,朝廷授予

嫡子:古代正妻所生的孩子叫嫡子;非正妻所生的孩子叫庶子。

他太医院院判一职。但一年后，李时珍便辞官回乡。他一边行医，一边写作《本草纲目》。

相传有一天，李时珍在路上看见一群人抬着棺材走，棺材的缝隙处不断流出鲜血，他判断棺材里的人还未死，于是赶忙拦下出殡队伍。得知棺中人是位难产的孕妇后，他便向家属表明身份，并说出了自己的判断。家属疑惑地打开了棺材，看着李时珍给棺中妇人进行按摩和针灸，心里七上八下的。但很快，这位妇人就发出了微弱的声音，并在李时珍的帮助下顺利地生下一个孩子。

还有一次，有位药店老板的儿子因暴饮暴食导致身体不适，来看诊时他纵身一跳，越过柜台让李时珍给他把脉。李时珍把完脉后，对他说："赶紧回家吧，超不过3个时辰你就会死。"对方听了很不高兴，破口大骂，可回去后果然不久就去世了。原来他纵身一跳，导致肚子里过多的食物严重损伤了他的肠胃。

李时珍行医时特别注重积累经验。有一天，他路过一处驿站，看见几个车夫把一些粉红色的花放在锅中煎煮。他凑近一看，是南方随处可见的旋花，却不知这些车夫煮它有什么用，便向他们请教。车夫告诉他："我们这些人常年在外，风里来雨里去，多数人的骨盆都落下了伤痛。喝点儿旋花汤，能治骨盆病。"

李时珍用心地把这种草药的形状、药性等记了下来，并把它写进了书里。

为了研究药材的形状和生长情况，李时珍经常在儿子、徒弟的陪伴下，到各地的深山旷野观察和采集药材标本。有一次，他带着徒弟来到武当山，在山上不但采集了许多名贵药材，还发现了曼陀罗花，这是华佗：？—208年，东汉末医学家。沛国谯（今安徽亳州）人。精通内科、外科、妇科、儿科、针灸等，尤其擅长外科。他创用麻沸散做全身麻醉后施行腹部手术。创五禽戏，以体育锻炼增强体质。后因不从曹操征召被杀。所著医书已佚，现存《中藏经》为后人托名之作。

华佗配制麻沸散的一种重要原料。

李时珍很兴奋，指着花儿对徒弟说："可惜麻沸散的配方早已失传了。这种花有毒，究竟怎样配药，还得重新试验。"

为了掌握曼陀罗花的药性，李时珍冒着生命危险，亲口品尝，证实了它的麻醉作用。他记下了使用的方法，最终制成了手术用的麻醉剂。

李时珍就是这样靠着对医学的无比热爱，不断学习，不断实践，不断总结，最后成为中国古代名医，并著成《本草纲目》，被人们尊称为"药圣"。

学习园地

日积月累

有关治病的优美句子

★ 缓则治其本,急则治其标。
★ 怒则气逆,喜则气散,悲则气消,恐则气下,惊则气乱,劳则气耗,思则气结,炅则气泄,寒则气收。
★ 百病必先治其本,后治其标。

成语课堂

七上八下

释 义 原指无所适从,后形容心里慌乱不安。

出 处 明·施耐庵《水浒传》:"那胡正卿心头十五个吊桶打水,七上八下。"

近义词 忐忑不安、心神不定

反义词 心安理得、若无其事

接 龙 七上八下→下里巴人→人才济济→济济一堂→堂堂正正→正大光明

泰戈尔

【亚洲首位诺贝尔文学奖得主】

课本出处
三年级-上册
花的学校

名人档案

泰戈尔（1861年—1941年），印度作家、诗人、社会活动家，第一位获得诺贝尔文学奖的亚洲人。印度国歌和孟加拉国国歌都使用了泰戈尔的诗。代表作品有《飞鸟集》《新月集》。

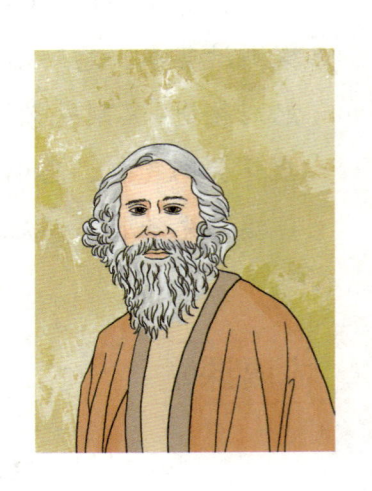

名人故事

泰戈尔出生在印度的贵族家庭，祖父被称为"印度19世纪第一个有国际头脑的人"，父亲是著名的哲学家。他家是当地知识界的中心，所以泰戈尔从小就感受到了文学、音乐和艺术的氛围。

14个兄弟姐妹中，泰戈尔是最小的，每个家庭成员都很宠爱他。除了在学校学习，父亲还专门聘请家庭教师，教他学习各种科学知识，还经常带他去旅行，这为他后来的创作打下了坚实的基础。

除了父亲，二哥对泰戈尔的影响也很大。泰戈尔的二哥是一位法学家。他要求泰戈尔先学好母语，再去学英语，这让泰戈尔一生都可以用母语进行创作。

泰戈尔从小就醉心于诗歌创作，曾发表长诗《野花》《诗人的故事》等。17岁时，他遵照父亲的意愿去英国学习法律。但他对法律不感兴趣，而是喜欢文学，于是转而学习文学。

回到祖国后，泰戈尔专门从事文学创作。几年后，他发表了《新月集》，这部诗集成为印度各级学校必选的文学教材。现在，印度国歌《人民的意志》和孟加拉国国歌《金色的孟加拉》，都使用了泰戈尔的诗。

泰戈尔的诗没有豪言壮语，而是用清新自然的细腻语言道出深刻的人生哲理。叶芝读了泰戈尔的诗，深受感动，鼓励泰戈尔把自己的诗翻译成英语。泰戈尔听从了叶芝的建议，亲自将《吉檀迦利》翻译成英语。

1913年，泰戈尔获得诺贝尔文学奖，成为亚洲首位享此殊荣的文学家，被誉为"孟加拉的雪莱"。1921年，他用这笔诺贝尔奖奖金和自己的积蓄，创办了印度国际大学，致力于东西方文化交流。

泰戈尔与中国有深厚的渊源。他的思想和作品深深地影响了徐志摩、冰心等人。徐志摩在创办文学社团时，就参考泰戈尔的诗集《新月集》，将其命名为新月社；冰心受他的《飞鸟集》影响，创作了诗集《繁星·春水》。

1924年，泰戈尔访问中国。一踏上中国的领土，他就情不自禁地说："朋友们，我不知道什么缘故，来到中国便像回到故乡一样，我始终感觉，印度是中国极其亲近的亲属，中国和印度是极老而又极亲密的兄弟。"

他的这次中国之行长达一个多月，举办了几十场演讲，徐志摩全程陪同并担任翻译。

泰戈尔离开北京去山西太原的时候，非常留恋北

叶芝：1865年—1939年，爱尔兰诗人、剧作家、批评家。1923年获诺贝尔文学奖。

雪莱：1792年—1822年，英国浪漫主义诗人。他的诗句"冬天到了，春天还会远吗？"流传广泛。

京。冰心的朋友问他："有什么东西忘了带没有？"他惆怅地说："除了我的一颗心。"

山西太原是泰戈尔中国行的最后一站。临行前一天，梅兰芳专门为他表演新编京剧《洛神》，两人还互赠诗句。

之后，他又先后两次到访中国，两次都是住在徐志摩家里。徐志摩还专程去印度庆贺他的70大寿，两人约定10年后在中国相聚。不久，徐志摩因飞机失事遇难，泰戈尔就再未踏上中国的土地。但他对中国的热爱并不减半分。从中国回到印度后，泰戈尔一直为创办中国学院筹集资金，为此，他四处化缘。如今，中国学院已成为中印文化交流的重要窗口。

1941年，重病在床的泰戈尔深情地回忆起他的第一次中国之行：

> 我取了个中国名字，
> 穿上中国服饰。
> 我深深地体会到：
> 哪里有朋友，
> 哪里就有新生和生命的奇迹。
> ……

学习园地

日积月累

泰戈尔的优美句子

★ 当你为错过太阳而哭泣的时候，你也要再错过群星了。

★ 天空中没有翅膀的痕迹，但我已经飞过。

★ 只有经历过地狱般的磨砺，才能练就创造天堂的力量；只有流过血的手指，才能弹出世间的绝响。

★ 你的负担将变成礼物，你受的苦将照亮你的路。

★ 纵然伤心，也不要愁眉不展，因为你不知是谁会爱上你的笑容。

★ 离你越近的地方，路途越远；最简单的音调，需要最艰苦的练习。

成语课堂

豪言壮语

释义 雄壮豪迈而充满英雄气概的语言。

出处 明·焦竑（hóng）《玉堂丛语》："即席联句，动辄数百言。豪言警语，如壮涛激浪，飞雪走雷，去触山而迸发。"

接龙 豪言壮语→语重心长→长袖善舞→舞文弄墨→墨守成规→规矩准绳

成语故事·长袖善舞

战国末期，韩非屡次上谏韩王，但因不善言谈，又受到权贵的阻挠，其谏言始终不受重视，于是韩非将自己的见解写成《韩非子》一书。他在书中说，如果内政上不实行法治，而一天到晚把脑筋花在外交上，国家是不可能强盛的。俗话说："长袖善舞，多财善贾。"意思是：穿着长袖的衣服跳舞就容易跳得好看；做生意的人如果资金雄厚，经营事业就容易。治理国家也是一样的道理：国家强盛，可以做的事情就多；国家衰弱，很多事情都做不成。

后来，人们就用"长袖善舞"来比喻条件优越，事情就容易成功。也比喻有钱、有势、有手腕的人善于投机钻营。

袁 枚

【清代文学家】

课本出处
三年级－上册
语文园地

名人档案

袁枚（1716年—1798年），清代诗人、文学家、散文家、美食家。字子才，号简斋，别号随园老人，时称随园先生，浙江钱塘（今浙江杭州）人，科举进士。代表作品有《随园诗话》。

清：朝代名，1616年—1911年，中国历史上最后一个封建制王朝。

名人故事

袁枚家境贫寒，父亲四处担任幕宾，家庭开支还要依靠母亲做针线女红弥补。贫苦的生活激发了袁枚的斗志，他发愤苦读，买不起书他就借书看。有个姓张的人，家里藏书很多，袁枚到他家去借书被拒绝了，袁枚回家后睡梦中还出现借书的情形。

所以，只要是能看到的书，袁枚都努力记住。他一手翻书，一手执笔，不论严寒酷暑，从不间断地摘录。摘录好后，他还分门别类地进行整理，这样积累多了，写文章时便能信手拈来。

有一次，袁枚偶然从别人家里借来一本《古诗选》，使得他对诗歌产生了极大的兴趣，他吟咏、抄写、背诵，很快就熟悉了历代诗歌的发展与特点。他天天模仿着写诗，越写越流畅。

有一天，袁枚跟大人游览杭州吴山。站在山顶鸟瞰，杭州城里千家万户尽收眼底，山腰云雾缭绕，云蒸霞蔚，触发了袁枚的创作灵感，他当即吟了一首五言诗，其中有两句："眼前两三级，足下万千家。"其他人都惊异袁枚的诗才。晚年，袁枚重游吴山，回忆起这首诗，仍感慨万千："童语终是真语啊！"

袁枚12岁考中秀才，在家乡被誉为"神童"。20岁时，他去广西看望给巡抚担任幕宾的叔叔。广西巡抚见他长相俊秀，写文章一气呵成，且文辞优美，于是推荐他参加考试。这次考试，参考生员约有200人，最后只录取了15名，袁枚虽然未被录取，但因年龄小而名满京城。两年后，袁枚中举人，接着考取了进士第二甲第五名，被任命为翰林庶吉士。后因散馆考试位列第二等，被外调任知县。

散馆考试：明、清时翰林院庶吉士经过一定年限学习后举行的甄别考试。

由于年纪轻轻就出任知县，袁枚的父亲担心儿子不得民意，于是暗访人们对袁枚的看法，结果每个人都说："我们县的少年袁知县是个好官啊。"

袁枚治理地方有一套独特的方法。他平时四处探访民情，将有劣迹之人记录在册，每当有案件发生，他就核对名册，并与当地百姓合作破案。他用刑谨慎，却会将坏人所犯之事写成文章贴在县衙门口，只有坏人改过自新3年之后才撕掉，所以人们互相监督，不敢犯法。两江总督尹继善称赞他："可谓宰相必用读书人矣！"

因为厌恶官场生活，加之父亲辞世、母亲年迈，袁枚34岁时辞官回家。他文章写得好，润笔费很高，又投资有道，由此积累了大量财富。

袁枚仗义疏财，好友程晋芳死时欠他5000两白银，他不但烧了借据，还拿了一笔钱馈赠程晋芳的遗孤。袁枚死后留下的"田产万金，余银两万"，全部用来理财，其利息作为家族后人读书的费用。

袁枚一直热爱读书，他经常在寒冷的冬夜读书到半夜。有一次，妻子起来把灯拿走，问他现在几更了。于是他写了一首《寒夜》：

寒夜读书忘却眠，锦衾香尽炉无烟。
美人含怒夺灯去，问郎知是几更天！

袁枚不但爱读书，也爱买书，他做官时的薪俸全用来买书，家里藏书达40万卷。有个上进青年黄生，酷爱读书，知识渊博。那时候没有公共图书馆，想读书就得自己去买书，而黄生只是个穷书生，因此经常去当地有藏书的人家借书来读。但借书不是件容易的事，大多数人不愿将自己珍藏的图书借给别人，不过袁枚是个例外。黄生每次向袁枚借书，袁枚都会借给他。

有一次，袁枚写了篇文章，连同书一起交给黄生，这便是著名的《黄生借书说》。

袁枚以诗闻名于世，他写的《所见》描绘了宁静优美的田园风光，刻画了一个天真活泼的牧童形象，表现了诗人的真性情。此诗入选小学语文课本，成为小学生必读古诗。

所 见
牧童骑黄牛，歌声振林樾。
意欲捕鸣蝉，忽然闭口立。

学习园地

日积月累

马 嵬
[清]袁枚

莫唱当年长恨歌，人间亦自有银河。
石壕村里夫妻别，泪比长生殿上多。

译文

不用去歌唱当年唐玄宗和杨贵妃的悲欢离合，人间也有银河，使得许多夫妻离散。

像杜甫在石壕村所见的那种夫妻诀别数不胜数，民间百姓生离死别的泪水，比长生殿上洒的泪水多得多。

注释

◇ 马嵬（wéi）：在陕西兴平。安史之乱时，唐玄宗逃到这里，在随军将士的胁迫下，勒死杨贵妃。

◇ 长恨歌：白居易所写的诗，讲的是唐玄宗宠幸杨贵妃而造成的政治悲剧和爱情悲剧。

◇ 银河：天河。传说牛郎织女被银河隔开，不得相聚。

成语课堂

信手拈来

释义 信手：随手；拈：用手指捏取。随手拿来。形容写文章等时词汇或材料丰富，能熟练运用。也比喻做事时随手而为，毫不费力。

出处 北宋·苏轼《次韵孔毅甫集古人句见赠》："前生子美只君是，信手拈来俱天成。"

近义词 妙手偶得、唾手可得

反义词 大海捞针、来之不易

接龙 信手拈来→来之不易→易如反掌→掌上明珠→珠联璧合→合浦还珠

成语故事·合浦还珠

东汉时期，合浦郡盛产珍珠，因历任合浦太守都贪得无厌，不顾蚌（bàng）的生长规律，威迫百姓一味捕蚌采珠，致使产珠的蚌都去了别处。不少人没了收入而饿死。

孟尝当了合浦郡太守后，革除了过去的弊端，不准滥捕乱采，保护珠蚌。因此，产珠的蚌又繁衍起来了，原来的老百姓也都重归本行，过上了安居乐业的生活。

这就是"合浦还珠"的来历，人们常用它来比喻东西失而复得或人去而复还。

趣味典故

书非借不能读

读书人黄允修向袁枚借书，袁枚把书借给黄生，并写了篇文章告诉他，天子有很多藏书，但有几个天子读书呢？富贵人家的藏书塞满整个屋子，搬运起来能使牛累得流汗，但富贵人中读书的有几个呢？其余那些祖辈藏书，子辈、孙辈随便丢弃的就更不用说了。

不只读书是这样，天下的事物都是这样。借来的东西，一定担心别人催着还，所以会小心地抚摸玩赏，心想："今天放在我这里，明天就要还回去，我再也不能看到它了。"所以格外珍惜拥有的机会。如果是自己拥有的东西，那就会收藏保存它，想着过些日子再看它。这就是"书非借不能读"的典故。

杜 牧

【唐代著名诗人】

> 课本出处
> 三年级-上册
> 古诗三首-山行

名人档案

杜牧（803年—853年），晚唐著名诗人和古文家。字牧之，号樊川居士，京兆万年（今陕西西安）人，科举进士。擅长五言古诗和七言律诗。曾任中书舍人，人称杜紫微（中书省别名紫微省）。为区别于杜甫，人称其为"小杜"。他与晚唐李商隐齐名，合称"小李杜"。代表作品有《阿房宫赋》。

中书舍人：古代官名。辅佐皇帝的高级秘书官，负责起草诏书、宣旨、审阅上奏表章等事。唐代多由皇帝的心腹来担任，执掌机密，职权尤重。

名人故事

杜牧出身名门望族，他出生那年，祖父升为宰相。杜牧在家族中排行十三，因此根据唐代人们的习惯，被称为"杜十三"。

杜牧10岁左右时，祖父和父亲都去世了，家境变得贫寒，但他小时候打下了扎实的基础，加上他勤学苦读，因而才华出众，23岁就写出了《阿房宫赋》，据说还因为这篇文章得中进士第五名。

一天，洛阳进士科考试的主考官崔郾（yǎn）正在酒席上畅饮，太学博士吴武陵来拜见他，说："我来为

排行：古代男丁排行是按同曾祖兄弟的长幼次序来算的，并不是同父所生的兄弟排行，如白居易被称为白二十二，李绅被称为李二十侍郎，刘禹锡被称为刘二十八使君。

你推荐一个贤士。前几天我偶然听到一群才子情绪激昂地读一篇文章。我走过去一看,是参加此次考试的杜牧写的《阿房宫赋》。此人十分有才,我给你读一读。"

于是他拿出《阿房宫赋》朗读起来,崔郾听了大加赞赏。吴武陵趁热打铁地说:"请点他为头名状元。"

崔郾说:"状元已经有人了。"

吴武陵急得面红耳赤,说:"如果不能当状元,就让他以第五名进士及第。如果还不行的话,就把这篇赋还给我!"

崔郾答应后,回到酒席。他坐在席上听说杜牧为人放纵旷达,不拘小节,但因为已经答应吴武陵,而且朝廷中还有多人推举杜牧,所以仍将其列为第五名。

新科进士按照惯例到当时最热闹的曲江游玩。来到曲江寺院时,杜牧正巧碰见一位打坐的僧人,便与之攀谈起来。僧人问起杜牧的姓名。杜牧心想自己名扬四海,得意地说出了自己的名字。哪知僧人面不改色,这让杜牧备感失落,于是吟诗一首:

家住城南杜曲旁,两枝仙桂一时芳。
老僧都未知名姓,始觉空门气味长。

有一年春天,杜牧游历到江南,看到眼前的美景,他陶醉了,于是写下了《江南春》:

千里莺啼绿映红,水村山郭酒旗风。
南朝四百八十寺,多少楼台烟雨中。

他在扬州做官时,一次夜泊秦淮河岸,看到两岸灯红酒绿，又想起当权者的昏庸荒淫，感慨万千，写下了《泊秦淮》：

烟笼寒水月笼沙，夜泊秦淮近酒家。
商女不知亡国恨，隔江犹唱后庭花。

但时间一长，杜牧也沾染上了官场中的不良习气。据说由于他风流，上司怕他出事，派了30个便衣兵卒暗中跟随、保护。后来杜牧回忆起这段生活，写下了《遣怀》一诗。

在池州刺史任上，有一年清明节，杜牧外出踏青，途中细雨纷纷，他想找个酒铺避雨，于是到处打听，而后写成了广为传诵的《清明》：

清明时节雨纷纷，路上行人欲断魂。
借问酒家何处有？牧童遥指杏花村。

这首诗流露出杜牧被外放的愁苦情绪。之后几年，他一路升迁，最终官至中书舍人。

杜牧生平很佩服韩愈、柳宗元，把他俩与李白、杜甫相提并论。他曾写诗评价四人："李杜泛浩浩，韩柳摩苍苍。近者四君子，与古争强梁。"

杜牧的诗风豪迈，用语惊人。赏识他的人把他和杜甫并列，以"大杜""小杜"来区分他们。

不知出于何种原因，杜牧临终前把自己写的很多文章都烧掉了。好在他生前写诗有个习惯，写完后会抄录一份给外甥裴延翰。杜牧死后，裴延翰将他的诗文450首（篇）编为《樊川文集》。

遣 怀

落魄江湖载酒行，
楚腰纤细掌中轻。
十年一觉扬州梦，
赢得青楼薄幸名。

清明节：中国的传统节日，源于二十四节气之一的"清明"，时间在每年农历三月内，公历4月4日、5日或6日。古人在这一天要外出踏青，所以又称"踏青节"。

学习园地

日积月累

过华清宫绝句（三首）
[唐]杜牧

长安回望绣成堆，山顶千门次第开。
一骑红尘妃子笑，无人知是荔枝来。

新丰绿树起黄埃，数骑渔阳探使回。
霓裳一曲千峰上，舞破中原始下来。

万国笙歌醉太平，倚天楼殿月分明。
云中乱拍禄山舞，风过重峦下笑声。

注释

◇华清宫：骊山上的温泉宫。
◇红尘：这里指飞扬的尘土。
◇妃子：指杨贵妃。
◇新丰：离华清宫不远的县城。
◇渔阳探使：皇帝派人刺探安禄山是否造反，使者被安禄山重金收买，回报说其没有造反之心。
◇霓裳：指《霓裳羽衣曲》，唐玄宗根据印度《婆罗门》舞曲亲自改编而成的宫廷舞曲。
◇倚天：形容骊山宫殿的雄伟壮观。

译文

在长安城回头远眺，骊山宛如一堆堆锦绣，位于山顶上的华清宫依次打开了千重门。一人骑着快马飞驰而来，身后一团团尘土飞扬，宫内的妃子欢心一笑，没有人知道是南方送来了新鲜荔枝。

新丰方向，绿树之间的路上黄土飞扬，那是去渔阳打探消息的密使骑着快马回来了。他们被收买，谎报了军情，于是唐玄宗和杨贵妃仍旧沉溺于歌舞，直至安禄山起兵，中原残破，唐玄宗才从骊山上下来。

唐玄宗在华清宫游乐，全国上下也都沉浸在歌舞升平中，骊山上的宫殿楼阁在月光下显得格外分明。当年安禄山在这里觐见时，拖着肥胖的身体翩翩起舞，引发杨贵妃的笑声随风飘扬越过层层山峰。

成语课堂

面红耳赤

释 义 脸和耳朵都红了。形容因激动、生气或羞惭而脸色发红的样子。

出 处 《朱子语类》:"今人有些小利害,便至于头红耳赤;子文却三仕三已,略无喜愠。"

近义词 羞愧满面

反义词 面不改色

接 龙 面红耳赤→赤胆忠心→心旷神怡→怡然自得→得意忘形→形同虚设

趣味典故

一骑红尘妃子笑

唐玄宗最宠爱的贵妃杨玉环爱吃荔枝,尤其爱吃南海产的荔枝。但荔枝不容易保鲜,所以每年都要快马加鞭地送到华清宫。人们看到快马卷起阵阵尘土,以为是传递重要信息。只有杨贵妃知道是新鲜荔枝送到了,于是开心地笑起来。

诗人杜牧路过华清宫有感而发,一口气写下了三首《过华清宫绝句》,揭露统治阶层的荒淫奢侈。

苏 轼

【诗神】

> 课本出处
> 三年级－上册
> 古诗三首－赠刘景文

名人档案

苏轼（1037年—1101年），北宋文学家、书画家。字子瞻，号东坡居士、铁冠道人，眉州眉山（今属四川）人，科举进士。"北宋四大书法家"之首，"唐宋八大家"之一，与父亲苏洵、弟弟苏辙合称"三苏"，被后世尊称"诗神"。代表作品有《赤壁赋》《念奴娇·赤壁怀古》等。

北宋四大书法家：苏轼、黄庭坚、米芾和蔡襄，合称"宋四家"。

名人故事

苏轼自幼聪明好学，7岁开始读书，除了去私塾上学，他的母亲程氏还亲自教他读书。程氏读书读到东汉《范滂传》时，禁不住感慨叹息。苏轼就问母亲："如果我将来要做范滂那样的人，母亲允许吗？"程氏说："你能做范滂那样的人，我难道就不能成为范滂母亲那样的人吗？"

20岁时，苏轼同弟弟苏辙一起进京参加会试，考官梅尧臣对他的文章十分青睐，便推荐给主考官欧阳修。欧阳修看后想评为第一名，但又怀疑是自己的学

范滂：137年—169年，东汉大臣。他为人正直、有气节，受党锢之祸牵连而被杀。临刑前，他劝慰母亲不要太过哀伤。他母亲说："你现在已经与李膺、杜密齐名，死而无憾了。你为正义而死，母亲支持你。"

生曾巩所写，为了避嫌，便将之评为第二名；在此后的礼部复试中，苏轼获得第一名。

苏轼的会试文章中有几句话，考官们都不知道出自什么典故。一天，梅尧臣问苏轼："尧和皋陶这段话见于何书？我一时想不起在何处读过。"

苏轼说："是我杜撰的。"

"你杜撰的？"

苏轼回答说："帝尧之圣德，此言亦意料中事耳。"梅尧臣听了之后，恍然大悟。

进士及第后，苏轼携书信拜见欧阳修。欧阳修对梅尧臣说："读苏轼来信，老夫感觉应当退让此人，使他出人头地。"

据说欧阳修还曾对儿子说："记着我的话。30年后，无人再谈论老夫，人们都去谈论苏轼了。"

几年后，刚继位的宋英宗想破格提拔学富五车的苏轼为翰林，负责起草诏书。宰相韩琦认为不应给苏轼如此高的官职，应该再让他历练几年。皇帝想让他记载宫中公事，韩琦又反对说此职位与"制诏"性质相近，他推荐苏轼到文化教育部门去任职，并且要经过常规流程的考试。

皇帝说："不知一个人的才干时，才用考试来衡量。现在为何要考苏轼？"可见苏轼的才华已经得到皇帝的认可。后来，苏轼任直史馆，借此良机饱览珍本书籍、名人手稿、名家画作。

1065年，苏轼的妻子去世（10年后，他写了《江城子·乙卯正月二十日夜记梦》怀念妻子）。第二年，苏轼的父亲也去世了。他和弟弟辞官护送灵柩回乡。将父亲安葬后，他在父亲墓地周围的山上种了3000棵

梅尧臣： 1002年—1060年，北宋诗人。字圣俞，宣州宣城（今属安徽）人。与欧阳修并称"欧梅"。

江城子·乙卯正月二十日夜记梦

十年生死两茫茫，不思量，自难忘。千里孤坟，无处话凄凉。纵使相逢应不识，尘满面，鬓如霜。

夜来幽梦忽还乡，小轩窗，正梳妆。相顾无言，惟有泪千行。料得年年肠断处，明月夜，短松冈。

松树，希望将来长成一片松林。

三年守孝后，他回到京城，正值王安石变法。作为反对派的重要成员，苏轼接连写了三封信给皇帝，请求废除变法。为此，他不断受到新党的迫害，只得请求出京任职。

按才能、人品，苏轼应当担任知州，但因王安石的坚决反对，他被任命为杭州通判。到了杭州，他游览西湖，在船上看到奇妙的湖光山色，再到望湖楼上喝酒，心情愉悦，写下了《六月二十七日望湖楼醉书》一诗。

通判：古代官名。与州府长官共同处理政务，同时有监察官吏的权力。号称"监州"。

六月二十七日望湖楼醉书
　　黑云翻墨未遮山，
　　白雨跳珠乱入船。
　　卷地风来忽吹散，
　　望湖楼下水如天。

在杭州这段时日是苏轼一生最快活的日子。有一天，他和朋友在西湖饮酒游赏，开始还阳光明媚，后来下起了雨。见此美景，他写下了《饮湖上初晴后雨》：

　　水光潋滟晴方好，山色空蒙雨亦奇。
　　欲把西湖比西子，淡妆浓抹总相宜。

在杭州任期届满后，苏轼请求调到弟弟任职的山东去。这次他升任密州知州。在密州，苏轼一心报国，写下了气势雄壮的《江城子·密州出猎》。

江城子·密州出猎
　　老夫聊发少年狂，左牵黄，右擎苍，锦帽貂裘，千骑卷平冈。为报倾城随太守，亲射虎，看孙郎。
　　酒酣胸胆尚开张。鬓微霜，又何妨！持节云中，何日遣冯唐？会挽雕弓如满月，西北望，射天狼。

虽然兄弟俩相隔不远，但他们想见面却不容易，因此在一年的中秋节，苏轼写出了著名的《水调歌头·明月几时有》。

几年后，苏轼调任徐州知州。他刚上任就遇到洪灾。洪水一度淹没了徐州城内的街道。苏轼以身作则，有几十天不回家，住在城墙上的棚子里，抢救城池，监督加固城墙，最后抗洪成功。

乌台诗案发生后，苏轼被贬往黄州。他游览赤壁山时，写下了《赤壁赋》等名篇，他还在城东一片坡地上开荒种田，自称东坡居士，人们都称他苏东坡。一天，苏轼醉归遇雨，写下了著名的《定风波·莫听穿林打叶声》，表明自己乐观旷达的人生态度。

这段时间，苏轼发明了东坡肉。黄州的猪肉价格很便宜，富人不吃，穷人不会做。于是苏轼想出一个炖猪肉的方法：用水煮开之后，再用文火炖上几个小时。他还发明了东坡饼、东坡豆腐等，所以说他还是一位美食家。

后来，苏轼调任汝州团练，赴任时途经九江，与朋友一起游庐山。下山时，同游的西林寺方丈请他给自己写首诗。苏轼回望庐山，结合自己的人生经历，在西林寺墙上写下了《题西林壁》：

横看成岭侧成峰，远近高低各不同。
不识庐山真面目，只缘身在此山中。

宋神宗驾崩后，苏轼得以回京，8个月内连升四级，为皇帝草拟诏书。

苏轼是诗词书画领域的通才。宋代科考常以他的诗文命题，所以当时人们说："苏文熟，吃羊肉；苏文生，嚼菜羹。"他的书法作品《黄州寒食诗帖》被誉为继《兰亭序》《祭侄帖》之后的"天下第三行书"。在绘画方面，苏轼也有极高的成就，他的竹画开创了湖州竹派。

定风波·莫听穿林打叶声

三月七日，沙湖道中遇雨，雨具先去，同行皆狼狈，余独不觉。已而遂晴，故作此（词）。

莫听穿林打叶声，何妨吟啸且徐行。竹杖芒鞋轻胜马，谁怕？一蓑烟雨任平生。

料峭春风吹酒醒，微冷，山头斜照却相迎。回首向来萧瑟处，归去，也无风雨也无晴。

学习园地

日积月累

水调歌头·明月几时有
[北宋]苏轼

丙辰中秋，欢饮达旦，大醉，作此篇，兼怀子由。

明月几时有？把酒问青天。不知天上宫阙，今夕是何年。我欲乘风归去，又恐琼楼玉宇，高处不胜寒。起舞弄清影，何似在人间。

转朱阁，低绮户，照无眠。不应有恨，何事长向别时圆？人有悲欢离合，月有阴晴圆缺，此事古难全。但愿人长久，千里共婵娟。

注释
- 天上宫阙（què）：月中宫殿。
- 琼（qióng）楼玉宇：美玉砌成的楼宇，指想象中的仙宫。
- 弄清影：月光下的身影也跟着做出各种舞姿。弄，赏玩。
- 朱阁：朱红色的华丽楼阁。
- 绮户：雕饰华丽的门窗。
- 婵娟：指月亮。

译文

丙辰年中秋节，通宵痛饮到天亮，大醉，乘兴写下这篇文章，同时思念弟弟子由。

像中秋佳节这样的明月几时能有？我举起酒杯遥问苍天。不知道天上的宫殿，现在是什么日子。我想乘着清风回到天上看看，又担心美玉砌成的楼宇太高了，我经受不住寒冷。翩翩起舞，赏玩着月光下自己清朗的影子，月宫哪里比得上人间。

月亮转过了朱红色的楼阁，低低地挂在雕花的门窗上，照着没有睡意的人。明月不应该对人们有什么怨恨吧，可它又为什么总是在人们离别之时才圆呢？人生本就有悲欢离合的变迁，就像月亮常有阴晴圆缺的转换一样，这种事自古就难以周全。只希望所有人的亲人都能平安长寿，即使相隔千里也能共赏明月。

成语课堂

牛刀小试

释 义 比喻很有本领的人，先在小事情上施展一下才能。

出 处 北宋·苏轼《送欧阳主簿赴官韦城》："读遍牙签三万轴，欲来小邑试牛刀。"

近义词 初露锋芒、崭露头角

反义词 大显身手

趣味典故

学富五车

形容某人读书很多、知识渊博时，可以用成语"学富五车"，但最初这个成语是庄子讥讽惠施的。

惠施是战国时期的哲学家、名家学派的开创者。他是庄子的好友，事事讲究逻辑的态度，与超脱逍遥的庄子有很大差异。庄子说："惠施多方，其书五车，其道舛（chuǎn）驳，其言也不中。"意思是惠施博学，他读过的书都可以装满五辆车，但他讲的道理错综驳杂，他的言辞也不当。后来人们根据这个典故，引申出了成语"学富五车"。

叶绍翁

【南宋田园诗人】

> 课本出处
> 三年级 - 上册
> 古诗三首 - 夜书所见

名人档案

叶绍翁（1194年—1269年），南宋诗人。字嗣宗，号靖逸。他特别擅长写七言绝句，多描写田园风光，富于生活情趣。代表作品有《游园不值》《夜书所见》等。

名人故事

叶绍翁本来姓李，他的祖父是李颖士。李颖士是北宋的进士，曾担任余杭知县。在此期间，金兵奔袭扬州，准备出其不意地抓住宋高宗。宋高宗逃到越州（今浙江绍兴），再度受困，李颖士得知这一情况后，施计让宋高宗得以脱险。因为抗金救驾有功，李颖士被提拔为越州通判，升大理寺丞、刑部郎中。

作为主战派，李颖士被主和派秦桧视为宰相赵鼎的同党。主战派失势后，赵鼎被秦桧陷害。

为了防止秦桧对李家斩草除根，李颖士提前做好安排，把孙子绍翁托付给好友叶笃。叶家为了保护李家后人，举家搬迁到龙泉（今属浙江）的深山隐居。

叶绍翁成年后，知道自己肩负的重任，于是走出

> 大理寺：古代掌管刑狱的中央审判机关。清末改称大理院。

大山，去了首都临安。他找到了同为龙泉人的高官真德秀，希望通过真德秀实现自己的救国梦想。

最初，真德秀的作为让叶绍翁看到了希望，但不久真德秀患病，还来不及有所作为，便病故了。

知己真德秀去世后，叶绍翁沉下心来写作，以笔记形式编写了《四朝闻见录》，记录宋高宗、宋孝宗、宋光宗和宋宁宗四朝的见闻。

随着蒙古人灭金之后大举进攻南宋，叶绍翁知道救国无望，于是隐居西湖。有一年秋天，他客居异乡，夜深人静，窗外瑟瑟的秋风吹着梧桐树叶，送来阵阵寒意，他不禁思念起自己的家乡。这时，他忽然看到远处篱笆下的一点儿灯火，料想是孩子们在捉蟋蟀，于是写下了《夜书所见》：

宋高宗：宋朝第十位皇帝、南宋第一位皇帝。

萧萧梧叶送寒声，江上秋风动客情。
知有儿童挑促织，夜深篱落一灯明。

叶绍翁最广为人知的诗是《游园不值》。一年春天，叶绍翁去看望朋友，但朋友家院门紧闭，无法观赏园内的美景。他轻轻敲了很久柴门，都不见主人来开门。于是他风趣地说："大概是园主爱惜青苔，担心我的木屐踩坏它。"但令他欣慰的是，他看到一枝漂亮的红杏伸出墙来，于是写下了《游园不值》。

学习园地

日积月累

游园不值
[南宋]叶绍翁

应怜屐齿印苍苔，小扣柴扉久不开。
春色满园关不住，一枝红杏出墙来。

注释
◇ 不值：没得到机会。
◇ 应：表示猜测。
◇ 怜：怜惜。
◇ 屐（jī）齿：屐是木鞋，鞋底前后都有高跟儿，叫屐齿。
◇ 小扣：轻轻地敲门。
◇ 柴扉（fēi）：用木柴、树枝编成的门。

译文

大概是园主爱惜青苔，担心我的木屐踩坏它，我轻敲柴门，久久没人来开。

可是满园的春色是关不住的，你看，有一枝粉红色的杏花伸到墙外来了。

成语课堂

出其不意

释义 其：对方；不意：没有料到。趁对方没有料想到（就采取行动）。

出处 春秋·孙武《孙子兵法》："攻其无备，出其不意。"

近义词 出人意料、出人意表

反义词 不出所料、意料之中

接龙 出其不意→意犹未尽→尽善尽美→美中不足→足智多谋→谋财害命

安徒生

【丹麦童话大师】

> 课本出处
> 三年级－上册
> 卖火柴的小女孩

名人档案

安徒生（1805年—1875年），丹麦作家。以童话作品而闻名于世，被誉为"世界儿童文学的太阳"。他的代表作品有《卖火柴的小女孩》《丑小鸭》《皇帝的新装》等。以他姓名命名的国际安徒生奖是儿童文学的最高荣誉，也被誉为"儿童文学的诺贝尔奖"。

国际安徒生奖：1956年设立，每两年评选一次，奖牌的正面是安徒生半身像。2016年，曹文轩成为第一位获此奖项的中国作家。

名人故事

安徒生出身贫民家庭，父亲是鞋匠，只受过小学教育，母亲是不识字的洗衣妇。尽管如此，酷爱文学的父亲经常给安徒生读故事，教他识字。母亲则鼓励他用家里的东西搭玩具剧场，给木偶做衣服，并用听过的故事给木偶定人物角色，然后表演木偶戏。这些童年经历对安徒生的创作产生了巨大的影响。

因为家庭贫困，安徒生早早就去做了学徒工。11岁时，父亲去世了，他和母亲相依为命。安徒生不是随遇而安的人，他勤奋努力，一直渴望上学。但入学后由于基础薄弱，他受到大家的排挤：老师骂他是笨蛋，同学们也经常嘲笑他。后来他换到新学校，依然不断被老师打击。

但这没有使安徒生放弃追求美好的人生。艰难的求学时光让他重新思考未来。因为街道高歌时得到了人们的认可，而且牧师也夸赞他会成为歌唱家，所以安徒生决定发展自己的歌唱天赋。

14岁的安徒生怀揣母亲给他的路费，离开家乡，去首都哥本哈根闯荡。他很幸运，很快就被丹麦皇家剧院雇用。但不幸来得更快。不久，他到了变声期，声音变得沙哑难听，歌唱家的梦想破灭了。

唱歌这条路走不通，安徒生就选择了去追求另一个梦想——芭蕾舞演员。皇家剧院接纳他为舞蹈学徒，但因为长期营养不良，他极为消瘦，而且笨手笨脚，又分心写作，没有时间练习舞蹈。最后，他又失去了成为舞蹈演员的机会。

安徒生只得另谋出路，他将自己的无助和痛苦寄情于文字。幸运的是，皇家剧院的主管柯林偶然读到了他的文字，认为他是天生的作家，于是说服丹麦国王资助安徒生去读书。在学校，安徒生依然是后进生，经常受到欺负和责骂。柯林不断鼓励他，直到他毕业。

艰难的生活经历让安徒生有了丰富的写作素材和敏锐的感知力，为他成功地踏上作家的道路打下了基础。他创作的美人鱼形象被塑成铜像，成为丹麦的标志，吸引着成千上万来自世界各地的游客。

学习园地

日积月累

安徒生的优美句子

★ 只要你是天鹅蛋，就是生在养鸡场里也没有什么关系。

★ 攀登上一个阶梯，这固然很好，只要还有力气，那就意味着必须再继续前进一步。

★ 凡是能冲上去、能散发出来的焰火，都是美丽的。

★ 当我还是一只丑小鸭的时候，我做梦也没有想到会有这么多的幸福！

★ 清白的良心，是一个温柔的枕头。

★ 我把家建在海上，那冰蓝色的液体，注定了我一生的漂泊。

成语课堂

随遇而安

释义 随：顺从；遇：遭遇。无论待在什么环境，都能感到满足。

出处 清·刘献廷《广阳杂记》："随寓而安，斯真隐矣。"

近义词 安贫乐道、安之若素

反义词 愤世嫉俗、愤愤不平

接龙 随遇而安→安贫乐道→道不拾遗→遗臭万年→年富力强→强颜欢笑

成语故事·安贫乐道

文子问老子："为什么仁、义、礼等法则不如道德重要呢？"

老子回答："行仁义者，不可能将其施为广布天下，所以不如修道行德，顺应天地间的自然法则，万事万物便自然合于仁义了。而真正的圣贤之人，应该顺其自然，安于任何处境，即使贫困也信守天道，不因求取额外的欲望或私利而损害了生机，当然也不会任意索求而违逆正道。"

后来，老子话中的"安贫乐道"演变为成语，用来比喻能安于贫困的处境，并仍以信守道义为乐。

格林兄弟

【德国童话大王】

> 课本出处
> 三年级-上册
> 快乐读书吧

名人档案

格林兄弟，是指雅各布·格林（1785年—1863年）和威廉·格林（1786年—1859年）兄弟两人，他们是德国19世纪著名的童话搜集家、语言文化研究者。两人兴趣相近，一起搜集和整理民间童话、传说，所以被称为格林兄弟。《格林童话》是世界童话三大宝库之一，如《白雪公主》《睡美人》《灰姑娘》《糖果屋》《青蛙王子》等作品流传很广。

世界童话三大宝库：指《安徒生童话》《一千零一夜》《格林童话》三部童话故事集。

名人故事

格林兄弟的父亲是名律师，他们家一共有兄弟姐妹9人，但有3人夭折了。格林兄弟四五岁前是在乡下度过的，后来因为父亲被黑森的王子雇用，他们一家搬离了乡村。

雅各布不到11岁时，父亲就去世了，随后他们的家庭收入和社会地位迅速下降，好在他们的姑姑给予格林一家很大的经济支持。姑姑不但资助格林兄弟上了中学，还资助他们上了大学。

兄弟俩一起进入大学学习法律，弟弟威廉顺利完成了学业，而哥哥雅各布忙于减轻家庭负担，未能顺利毕业。

在大学时，他们对语言文字产生了浓厚的兴趣，随后几年，他们开始进行相关的研究。当时德国是一个结构松散的混合体，社会发展缓慢，拿破仑横扫欧洲后，征服和统治了德国。这时，德国民众的民族意识被唤醒，要求德意志民族统一的意愿空前高涨。德国知识界开始宣扬传统文化，希望借助古老的日耳曼民族文化来促成民族统一。

为此，格林兄弟广泛收集祖国的童话和神话，并且几十年如一日。兄弟俩同心协力，分工明确：哥哥更严谨，负责搜集故事并分类；弟弟更细致且擅长写作，因此负责对搜集来的故事进行改写。最终在1812年，格林兄弟出版了他们的第一卷童话，取名《儿童与家庭童话集》（俗称《格林童话》）。其实，这部作品最初并不是专门写给孩子们的，而是在后来的不断修订中，这些故事越来越适合儿童。他们搜集、改写的故事不断增加，他们生前出版的《格林童话》第7版有200多个故事。

除了童话故事，格林兄弟还编纂了《德语词典》（未完成）。他们做图书管理员期间，着手研究德语的历史，在日耳曼人的历史长河里探索语言的魔法，他们立足于日耳曼语言，挖掘它的源头与流向，开创了研究日耳曼语言学的先河。

为了抗议国王破坏宪法，格林兄弟和其他教授一起发表了一些批评国王的言论，因此他们被大学开除，并被驱逐出境。但第二年普鲁士国王就邀请兄弟两人

日耳曼人：北欧的古代民族，是现在西欧、北欧众多国家的祖先。

到柏林去定居，他们在那里生活了20年。

为了纪念格林兄弟对德国的贡献，1989年起1000面值的德国马克上印上了格林兄弟的肖像，而左侧的字母A，代表由格林兄弟编写的《德语词典》。

1975年，德国政府为了纪念格林兄弟，规划了一条蜿蜒600千米的德国童话之路。这条路南起格林兄弟的故乡，一路向北逐一穿过两兄弟生活过的城市和经典的童话故事考据地，最终到达不来梅。

学习园地

日积月累

格林兄弟的优美句子

★ 大人都学坏了，上帝正考验他们呢，你还没接受考验，你应当照着孩子的想法生活。

★ 快乐地歌唱，世界跟着手舞足蹈；伤心地哭泣，世界跟着沉默忧郁。

★ 在我们困难的时候帮助过我们的人，不论他是谁，过后都不应当受到鄙视。

★ 一个人的快乐，不是因为他拥有的多，而是因为他计较的少。

★ 鱼对水说，你看不到我的眼泪，因为我在水里。水说，我能感觉到你的眼泪，因为你在我心里。

成语课堂

同心协力

释义 心：想法；协：合。想法一致，共同努力。

出处 西汉·贾谊《过秦论》："且天下尝同心并力攻秦矣，然困于险阻而不能进者，岂勇力智慧不足哉？"

近义词 齐心协力、通力合作、群策群力

反义词 尔虞我诈、钩心斗角、同床异梦

接龙 同心协力→力排众议→议论纷纷→纷至沓来→来日方长→长歌当哭

成语故事·尔虞我诈

春秋时期，楚庄王率领大军攻打宋国，包围了宋国的都城，但久攻不下。宋国城内粮食匮乏，又听说楚国要在城边建造房屋，长期屯兵，宋国人民都非常害怕，因此宋王派将领华元进入楚营，请求退兵。

华元来到楚军统帅子反的营帐中，说："我们宋国现在已经到了交换孩子来充饥，拿死人骨头当柴火烧的地步，尽管如此，我们宁愿战死，也绝不接受城下之盟。如果楚国能退兵30里，我们两国可以讲和。"

子反把事情上报给楚王，楚王退兵30里，两国签订盟约。盟约中写着："我无尔诈，尔无我虞。"意思是，我不欺骗你，你不必对我猜忌。后来演变为成语"尔虞我诈"，形容人与人之间互相猜疑，彼此欺骗。

罗 丹

【现代雕塑的先驱】

> 课本出处
> 三年级 - 上册
> 第五单元篇章页

名人档案

罗丹（1840年—1917年），法国雕塑家。既是19世纪古典主义雕塑最后的大师，同时也是现代雕塑艺术的先驱，主要作品有《思想者》《青铜时代》等。

名人故事

罗丹出生在法国巴黎的一个普通家庭，5岁上学，因天生近视，看不清黑板上的字，所以他对数学、历史和语文都很讨厌，唯独喜欢美术课。

因为交不起学费，无法进入专门的艺术学校学习，所以罗丹小时候自学绘画艺术。14岁时，在姐姐的资助下，他有幸进入专门的艺术学校接受教育。姐姐为了供他学习艺术身兼数职，每天早出晚归，挣来的钱才勉强可以支付学费。靠着姐姐的资助，罗丹在那里学习了两年。也正因为如此，姐姐成了罗丹一生最敬爱的人。

在艺术学校学习期间，罗丹同时学习雕塑和油画。原本他更喜欢油画，把大部分时间和精力放在了学习油画上，但由于经常买不起颜料和画布，他只好忍痛割爱，放弃了油画，专心学习雕塑。

学习雕塑是一条艰难的道路。

17岁时，罗丹向巴黎美术学院递交了自己的雕塑作品，希望能被录取，但名落孙山；罗丹没有放弃，他更加努力，但再度落榜；19岁时，他第三次向巴黎美术学院发起冲锋，仍然失败了，而且考官还在他的试卷旁边写上："此生毫无才华，继续报考，纯属浪费时间。"就这样，大学的大门永远对他关闭了。

而当时巴黎美术学院的入学门槛并不高，罗丹因此备受打击。更不幸的是，一年之后，他最敬爱的姐姐去世了，这让他失去了生活的信心。他放弃了艺术之路，进入修道院成为一名修道士，以求心灵上的慰藉。

闲暇之余，罗丹仍进行雕塑创作。一天，修道院创始人彼得·埃马尔看到他的作品，认为他是雕塑天才，于是劝他出去继续学习雕塑。

罗丹一边工作一边学习。经过不懈的努力，他创作了《青铜时代》。这件作品展出后引起了强烈反响，甚至有人断言这是用人体倒模制造的。

终于，罗丹找回了从事雕塑事业的信心，发誓要用艺术改变自己的命运。接着，他又花近20年时间创作了巨型浮雕《地狱之门》。在《地狱之门》的门顶，罗丹塑造了举世闻名的《思想者》——一个男子俯首而坐，右肘支在左膝上，右手手背顶着下巴和嘴唇，目光下视，陷入沉思。罗丹用这座雕塑来象征诗人但丁，也象征自己，甚至全人类。从此，罗丹的名字也如这座雕塑一样闻名世界。

在1900年巴黎世界博览会上，主办方给了罗丹一个专馆，一次性展出了他的百余件作品。1916年，罗丹将自己的全部作品捐赠给了祖国，政府为他建造了罗丹博物馆。

罗丹不仅是杰出的雕塑艺术大师，还是有独特艺术理念的导师。

有一次，他向学生们展示了一件耗费多年心血的作品。学生们看后赞不绝口："太美了，实在是太美了，尤其是手，简直出神入化，令人叹为观止。"

众人的赞叹引起了罗丹的深思和不安。突然，他抡起斧子，直奔雕像，砍掉了完美的手。然后他转过身，意味深长地说："这双手太突出了，它已不属于这座雕像了。记住：一个真正完美的艺术品，任何一个部分，都不应该比整体更重要、更突出。"

罗丹追求完美，不放过每一个细节。

有一天，奥地利作家斯蒂芬·茨威格去拜访罗丹。罗丹带他参观工作室。他们来到一尊刚刚完成的女性雕像前，茨威格不禁惊叹它的完美。

罗丹沉默片刻之后说："肩膀还有些毛病……等我一会儿。"于是他拿起抹刀修改起来。只见他一会儿上前，一会儿后退，地板在他脚下发出咯吱咯吱的响声。他嘴里念念有词，眼里还闪烁着异样的光芒。

半个小时过去了，罗丹越来越紧张，似乎有点儿生气。

最后，他的手迟疑了一会儿之后停了下来。他退后端详了一阵，然后深深地舒了一口气，穿上大衣往门边走去，出门时才突然发现房间里还有一个人。

茨威格对这件事感触很深。他领悟到，像罗丹一样专注是一切艺术与伟业成功的奥秘。

学习园地

日积月累

罗丹的优美句子

★ 生活中不缺少美，只是缺少发现美的眼睛。
★ 只要你从中收获了经验，做什么都不算是浪费时间。
★ 要有耐心！不要依靠灵感。灵感是不存在的。

成语课堂

精雕细刻

释 义 精心细致地雕刻。比喻十分认真，非常细致。
近义词 精益求精
反义词 粗制滥造
接 龙 精雕细刻→刻骨铭心→心花怒放→放任自流→流连忘返→返璞归真

趣味典故

精益求精

　　子贡问孔子："一个人贫穷却不巴结别人，富裕却不骄横奢侈，这样的人怎样呢？"

　　孔子回答："这样的人可以，但仍比不上一个贫困却乐在其中、富裕却仍然好礼的人。"

　　子贡听了，领悟到无论精制器具，还是进德修业，都不能满足于已经获得的小成就，应力求好上加好，以达到尽善尽美。

　　宋代学者朱熹对此评价："治之已精，而益求其精也。"这就是成语"精益求精"的来历，现在比喻某件事已经做得很好了，还力求做得更好。

刘禹锡

【诗豪】

> 课本出处
> 三年级-上册
> 古诗三首-望洞庭

名人档案

太子宾客：简称宾客，是一种古代官职。春秋战国时期已有宾客之名，当时是指食客、门客和使者。唐代正式设置太子宾客，正三品，但属于闲职，到清代废除。

检校礼部尚书：古代官名，无固定职事，是一种名誉品阶。

刘禹锡（772年—842年），唐代诗人，有"诗豪"之称。字梦得，洛阳（今属河南）人，科举进士。因曾任太子宾客，故称刘宾客，晚年加检校礼部尚书衔，故又称刘尚书。代表作品有《乌衣巷》《望洞庭》《陋室铭》等。

名人故事

据说，因为刘禹锡的母亲在生他之前梦见大禹给她送儿子来，所以孩子一出生，家里就给他取名叫禹锡，字梦得。

刘禹锡天资聪颖，勤奋好学，19岁时游学洛阳、长安，由于才华出众，很快名动京城。两年后，刘禹锡参加科举考试，一举中榜，同榜的还有柳宗元。两人在这一年相识，后来又在一起做官，慢慢成了知己，世人称为"刘柳"。

做官没几年，刘禹锡和柳宗元参与了王叔文集团的政治改革。改革失败后，刘禹锡被贬为连州刺史，后又加贬为司马。一同被贬为司马的共有8人，史称

"八司马"。

刘禹锡在司马的位置上待了近10年，后来唐宪宗想要重新推行改革，把刘禹锡、柳宗元等人召回长安。刘禹锡一看还是满朝小人，于是写诗讽刺了当时掌管朝廷大权的新官僚和那些趋炎附势、攀高结贵之徒。

结果，刘禹锡又被贬为播州刺史。后因其他官员说情，改为连州刺史。

母亲去世后，他返回洛阳守丧，路过扬州时遇到了白居易。两人饮酒作诗，白居易赠刘禹锡一首《醉赠刘二十八使君》，对他的坎坷仕途深表同情和安慰，也为自己的类似经历而叹息。

白居易在诗中说："你为我斟满美酒同饮共醉，我与你一起击箸吟唱。虽然是全国知名的大诗人，可又有什么用啊，在命运面前只能低头。抬眼看到的人都是荣耀体面的，而你却长守寂寞，朝堂之上满是官员却没你的份。我也知道是才华和名声牵累了你，但这损失也太大了。"

对于白居易的安慰和委婉的赞扬，刘禹锡写了一首酬答诗《酬乐天扬州初逢席上见赠》。

他在诗中说："在偏僻荒凉的地方度过了23年时光，好像被这世界抛弃了一样。回来后许多老朋友都已去世，我只能吟诵《闻笛赋》聊表思念。我自己虽如病树、沉舟般没有了希望，但毕竟还能看到万木逢春、千帆竞发的景象。今天听了你为我吟诵的诗篇，又举杯共饮，我觉得精神多了，心情也大不一样。"

刘禹锡不为自己的厄运而悲伤，对世事变迁和宦海沉浮表现出了十分豁达的胸怀。他在《秋词》中一反前人逢秋则悲的观念，表现出了激昂向上的热情，

醉赠刘二十八使君

为我引杯添酒饮，
与君把箸击盘歌。
诗称国手徒为尔，
命压人头不奈何。
举眼风光长寂寞，
满朝官职独蹉跎。
亦知合被才名折，
二十三年折太多。

酬乐天扬州初逢席上见赠

巴山楚水凄凉地，
二十三年弃置身。
怀旧空吟闻笛赋，
到乡翻似烂柯人。
沉舟侧畔千帆过，
病树前头万木春。
今日听君歌一曲，
暂凭杯酒长精神。

讴歌秋日的美好：

> 自古逢秋悲寂寥，我言秋日胜春朝。
> 晴空一鹤排云上，便引诗情到碧霄。

刘禹锡的诗词富有哲理，发人深思，如《陋室铭》中的"山不在高，有仙则名。水不在深，有龙则灵"，至今还经常被人们引用。

晚年的刘禹锡和白居易友谊深厚，常常相互和诗酬答。白居易说："彭城刘梦得是诗人中的豪者。他的诗锋芒毕露，很少有敢和他对诗的。我不自量力，常常和他对诗。"从此，人们就把刘禹锡称为"诗豪"，并流传至今。

刘禹锡一生不顺，被贬达 20 多年，但他依然能保持平常心态。开阔的胸怀使他成了唐代诗人中的"高寿诗人"，享年 70 岁。

学习园地

日积月累

陋室铭
[唐]刘禹锡

　　山不在高,有仙则名。水不在深,有龙则灵。斯是陋室,惟吾德馨。苔痕上阶绿,草色入帘青。谈笑有鸿儒,往来无白丁。可以调素琴,阅金经。无丝竹之乱耳,无案牍之劳形。南阳诸葛庐,西蜀子云亭。孔子云:何陋之有?

注释

- 鸿儒(hóng rú):博学的人。
- 调(tiáo)素琴:弹奏不加装饰的琴。
- 丝竹:琴瑟、箫管等乐器的总称。丝,指弦乐器;竹,指管乐器。
- 案牍(dú):(官府的)公文,文书。

译文

　　山不在于高,有神仙就有名气。水不在于深,有龙就有灵气。这是简陋的房子,只是我品德好就感觉不到简陋了。碧绿的青苔长到台阶上,草色青葱,映入帘内。来这里谈笑的都是博学之人,来往的没有知识浅薄之人。可以弹奏不加装饰的琴,阅读佛经。没有弦管奏乐的声音扰乱心境,没有官府的公文劳累身心。南阳有诸葛亮的草庐,西蜀有扬子云的亭子。孔子说:有什么简陋的呢?

成语课堂

发人深思

释　义　启发人深入地思考。形容语言或文章含义深刻，耐人寻味。

出　处　唐·刘禹锡《柳花词》（其二）："轻飞不假风，轻落不委地。撩乱舞晴空，发人无限思。"

近义词　发人深省

接　龙　发人深思➡思绪万千➡千军万马➡马到成功➡功败垂成➡成人之美

趣味典故

功败垂成

前秦的苻坚率军进攻东晋，东晋名将谢玄率兵迎战，两军在淝水对峙。谢玄要求前秦军队向后退，以便晋军渡河，两军快速决战。苻坚想在晋军渡河时发动攻势，因此就答应了。就在前秦军队向后撤退时，后方将士以为前线失守，不禁惊慌失措，导致局面混乱不堪，使得秦军被晋军打败。

谢玄想乘胜追击，收复失地，然而东晋皇帝听信谗言，以征战太久为由，下令他班师回朝。谢玄对此悲痛万分，就在回程途中一病不起，几年后病故，时年45岁。所以后人感叹，老天给他的时间太短暂，就在北伐即将成功之际，却因朝廷阻挠而失败了。后来，据此典故演变出成语"功败垂成"，指事情在即将成功时失败了。

成语故事·千军万马

南朝梁武帝时期，北魏国内局势混乱，北海王元颢（hào）前来归顺，请求梁武帝立他为魏主。梁武帝接纳了他，并派大将军陈庆之护送元颢回北魏。元颢称帝后，封陈庆之为镇北将军，率军征讨北魏的其他势力。陈庆之的军队所向披靡。

由于他的军队都穿着白袍，所以洛阳有童谣传唱："名师大将莫自牢，千军万马避白袍。"意思是，大将军们不要自我烦扰，看见穿着白袍的军队，即使自己兵马再多，也避开为妙。后来从这句话中演变出成语"千军万马"，用来形容雄壮的队伍或浩大的声势。

王昌龄

【诗家夫子】

> 课本出处
> 三年级 – 上册
> 语文园地

名人档案

王昌龄（？—756年），盛唐著名边塞诗人。字少伯，京兆长安（今陕西西安）人，科举进士。他和高适、王之涣齐名。善于写场面雄伟壮阔的边塞诗，有"诗家夫子王江宁""七绝圣手""开天圣手""诗夫子"的美誉。代表作品有《从军行》《出塞》《闺怨》等。

诗家夫子：也有人认为是诗家天子，因古代天子为皇帝专用，所以本书倾向于"诗家夫子"之谓。

名人故事

王昌龄自幼有远大的抱负，成年后，他抱着保卫国家边关的雄心壮志，投笔从戎，成为一名戍边军人。

在西北边塞，他白天巡边，晚上写诗。这段时间，他写了不少边塞诗，这使他成为唐代著名的边塞诗人。他用《从军行》表达了自己从军的决心，并写出了唐代七绝的压卷之作《出塞》：

秦时明月汉时关，万里长征人未还。
但使龙城飞将在，不教胡马度阴山。

县尉：古代地方职官名。与县丞一起辅佐县令，一般负责抓捕贼盗、维护治安等。在唐代，许多科举出身的士大夫要先担任此官才能进一步晋升，在许多唐诗中出现的少府即是县尉。

在边塞当了几年军人后，王昌龄到京城长安赶考，并一举高中进士，授秘书省校书郎。过了几年，他参加博学宏词科考试，结果又考中了，因此升迁为河南汜（sì）水县尉，3年后升为江宁丞。

在江宁丞任上，王昌龄因言犯事，被流放岭南。不过第二年遇到朝廷大赦，他恢复自由，一边北上，一边悠游。几年后，他又被起用，重回江宁继续当江宁丞。这时他已经40多岁了，感觉自己的理想没有实现，情绪低落，在送朋友辛渐远行时，作了《芙蓉楼送辛渐》表明心迹：

寒雨连江夜入吴，平明送客楚山孤。
洛阳亲友如相问，一片冰心在玉壶。

4年后，他又因言犯事，被贬为龙标（今湖南洪江西）尉，因此世人也称他王龙标。好友李白听到这个消息，十分愤慨，写了《闻王昌龄左迁龙标遥有此寄》一诗安慰他：

杨花落尽子规啼，闻道龙标过五溪。
我寄愁心与明月，随君直到夜郎西。

在龙标尉任上时，有一天王昌龄独自一人行走到龙标城外，在东溪的荷池边上，看见酋长的女儿阿朵在荷池采莲唱歌，于是情不自禁地写下了《采莲曲》：

荷叶罗裙一色裁，芙蓉向脸两边开。
乱入池中看不见，闻歌始觉有人来。

这首诗写的是采莲少女，但并没有正面描写，而是用荷叶与罗裙一样绿、荷花与脸庞一样红、不见人影只闻歌声等手法加以衬托描写，巧妙地将采莲少女的美丽与大自然融为一体。这首诗生动活泼，富于诗情画意，充满生活情趣。

王昌龄在当时声名远播，有个叫张怀庆的武官，常常把王昌龄、郭正一等人的作品，改头换面变成自己的，但他只会生搬硬套。于是人们给张怀庆编了个顺口溜，嘲笑他是"活剥王昌龄，生吞郭正一"。这就是成语"生吞活剥"的来历，现在这个成语多用来比喻一些人不经过思考，就生硬地照抄照搬别人的言论、文章、经验、方法。

安史之乱爆发后，王昌龄北上回乡，途经亳州时不幸被刺史闾丘晓杀害。他含冤死后不久，闾丘晓因贻误战机被河南节度使张镐杖杀。临刑前，闾丘晓以年迈的双亲无人供养来求饶，被张镐厉声喝问："王昌龄的双亲，又有谁来供养？"

学习园地

日积月累

从军行（七首）
[唐]王昌龄

烽火城西百尺楼，黄昏独坐海风秋。
更吹羌笛关山月，无那金闺万里愁。

琵琶起舞换新声，总是关山旧别情。
撩乱边愁听不尽，高高秋月照长城。

关城榆叶早疏黄，日暮云沙古战场。
表请回军掩尘骨，莫教兵士哭龙荒。

青海长云暗雪山，孤城遥望玉门关。
黄沙百战穿金甲，不破楼兰终不还。

大漠风尘日色昏，红旗半卷出辕门。
前军夜战洮河北，已报生擒吐谷浑。

胡瓶落膊紫薄汗，碎叶城西秋月团。
明敕星驰封宝剑，辞君一夜取楼兰。

玉门山嶂几千重，山北山南总是烽。
人依远戍须看火，马踏深山不见踪。

注释
◇ 从军行：乐府旧题，多反映军旅辛苦生活。
◇ 无那：无奈，指无法消除思亲之愁。
◇ 新声：新的歌曲。
◇ 关山：边塞。
◇ 撩乱：心里烦乱。
◇ 关城：指边关的守城。
◇ 云沙：像云的风沙。
◇ 表：上表，上书。
◇ 掩尘骨：指安葬尸骨。
◇ 龙荒：荒原。
◇ 玉门关：边关名，在今甘肃敦煌西。
◇ 楼兰：代指唐西部边境的少数民族政权。
◇ 辕门：指军营的大门。
◇ 吐谷（yù）浑：古代少数民族名称。
◇ 敕：皇帝的诏书。
◇ 星驰：像流星一样迅疾奔驰。
◇ 嶂：指直立像屏障一样的山峰。
◇ 烽：指烽火台。

译文

在烽火台的西边耸立着一座高高的戍楼，黄昏时分，独坐在楼上，从湖面吹来的秋风撩起了我的战袍。此时传来一阵幽怨的羌笛声，吹奏的是《关山月》，无奈这笛声更让我思念起了万里之外的妻子。

军中起舞，伴奏的琵琶弹出新的曲子，但不管怎样更换曲子，《关山月》的曲调总会激起边关将士思念家乡的忧伤之情。乐舞与乡愁交织在一起，无尽无休。而此时秋月高高地挂在天上，照着绵延起伏的长城。

边城里的榆树叶早已变黄，飘落稀疏；傍晚时分，环视刚刚结束战斗的战场，只见低云连绵，沙丘起伏。将军向皇帝奏请班师回朝，以便将将士的尸骨运回家乡安葬，不能让士兵们为战友只能埋葬他乡而伤感痛哭。

青海湖上蒸腾而起的云雾，遮暗了整个祁连雪山，可以远望玉门关那座孤城。这里黄沙万里，频繁的战斗磨穿了战士们身上的铠甲，但他们依然雄心壮志，不打败敌人绝不回家乡。

沙漠中狂风大作，尘土飞扬，使得天色昏暗；前线军情紧急，战士们迎着大风，半卷红旗迅速出击。先头部队昨天夜里已经在洮河北岸与敌人展开了激战，援军刚刚开拔，就传来了俘虏敌军首领的消息。

将军斜背着胡瓶，骑着紫薄汗马飞驰；碎叶城西的天空中高悬一轮秋月。边境传来紧急军情，皇上连夜传诏将军，赐他尚方宝剑并命令他即刻领兵奔赴前线杀敌；将军离开京城后，带兵一鼓作气攻下了敌人的老巢楼兰。

玉门关周围重峦叠嶂，像重重屏障保卫着王朝的西北边防；烽火台遍布每座山峰。人们戍边需要依靠山上烽火台上的烽火来传递消息，因为在深山密林中马跑过一会儿就看不见踪影了。

成语课堂

雄心壮志

释 义 远大的理想、抱负和宏伟的志向。

出 处 北宋·欧阳修《苏才翁挽诗》："雄心壮志两峥嵘，谁谓中年志不成。"

近义词 豪情壮志、鸿鹄之志

反义词 求田问舍、万念俱灰

接 龙 雄心壮志➡志大才疏➡疏财仗义➡义不容辞➡辞旧迎新➡新陈代谢

趣味典故

鸿鹄之志

《吕氏春秋》中记载了一则相狗的故事：

齐国有一个人特别擅长相狗。他的邻居请他帮忙买一只能捉老鼠的狗，过了一年才买到。他告诉邻居说："这是一条好狗。"

他的邻居喂养了好几年，这只狗却从来不捉老鼠，邻居就把这种情况告诉了相狗的人。相狗的人说："这是一只好狗，它的志向是抓野兽，不是捉老鼠。如果你想让它捉老鼠，就把它的后腿绑住。"邻居回去后绑住了狗的后腿，那只狗果然开始捉老鼠了。

对此现象，作者发表感叹："骥骜的气质，鸿鹄的心志，能够使人知道，是因为这种气质和心志确实存在。"

后来，人们就用"鸿鹄之志"来比喻远大的志向。

司马光

【《资治通鉴》的作者】

> 课本出处
> 三年级－上册
> 司马光

名人档案

司马光（1019年—1086年），北宋文学家、史学家、政治家。字君实，号迂叟，通称司马相公，陕州夏县（今属山西）涑水乡人，世称"涑水先生"，科举进士。死后追赠太师、温国公，谥号"文正"。他主持编纂了中国历史上第一部编年体通史《资治通鉴》。

编年体：以历史事件发生的时间为顺序，来编撰、记述历史的一种体裁。以编年体记录的历史称为编年史。比较著名的编年体史书有：《春秋》《左传》《资治通鉴》。

通史：指记述由远古到现代各时代历史的史书，它以时间为主线，连贯地叙述各个时代的历史。

名人故事

许多小朋友第一次听到司马光这个名字，大都是通过"司马光砸缸"的故事。司马光和小伙伴在院子里玩耍时，有同伴失足掉进水缸里，其他小孩子吓得边哭边喊，找大人求救。只有司马光急中生智，捡起大石头砸破了缸，救了同伴。

司马光幼年时总担心自己背诵诗书的能力不如别人，所以其他人背诵完就去玩耍了，只有他还在苦读，他要一直学到能够熟练背诵为止，所以他读过的书能终身不忘。

司马光曾经说："读书不能不背诵，在骑马走路的

时候，在半夜睡不着的时候，吟咏读过的文章，想想它的意思，收获就多了！"

7岁时，听别人讲《左传》，他特别喜爱，回家后还能复述给家人听。从此他就书不离手，甚至达到不觉得饥渴寒暑的地步。由于刻苦学习，他刚20岁就中了进士甲科。

司马光特别节约，不喜欢奢华浪费。小时候长辈给他穿华丽的衣服、戴金银饰品，他总是羞愧地把它们脱下或摘掉。在中进士的闻喜宴上，大家都戴着鲜花，只有他一个人不戴花。同年中进士的人告诉他说："皇帝的恩赐不能违抗。"他才在头上插了一枝。

当时周围的人都以奢侈浪费为荣，而司马光却以节俭朴素为美。他一辈子都认为，节俭是最大的美德，浪费是最大的恶行，衣服只要能御寒就行了，食物能充饥就行了。但他也不会故意穿脏破的衣服以显示与众不同而求得好名声。

司马光还刚正不阿。有一次发生日食，按照惯例，不是日全食或者在京城看不见，臣子们都应当上表祝贺。司马光却说："其他地方都看得见，京城却看不见，这说明君王被阴险邪恶的小人蒙蔽了；天下的人都知道，唯独朝廷不知道，这样的灾害更严重，不应当庆贺。"皇帝听从了他的意见。

司马光选拔人才坚持以德行为先。苏辙在科举考试的答卷上，批评皇帝不关心边防、沉迷后宫、赏赐随意。一些老臣认为苏辙狂妄大胆，对皇帝不恭，不可录用。可是司马光却认为，苏辙直陈朝政弊端，正是忠臣的本色。宋仁宗赞成司马光的观点，录取了苏辙，这才有苏辙与哥哥苏轼同年考中进士的美谈。

后来，司马光反对王安石变法，而宋神宗坚定不移地支持王安石。为了调和他与王安石的变法矛盾，宋神宗命他为枢密副使，但司马光坚辞不就，而且

▲《独乐园图》（局部） 明·仇英

自请离开京城。在陕西短暂任职后，他请求退居洛阳。

在洛阳的独乐园，司马光专心编撰《通志》，从发凡起例至增删修改，他都亲自动笔。司马光用功、刻苦、勤奋，用他的话来说就是："日力不足，继之以夜。"司马光还怕自己因疲劳睡过了头，耽误编书，特意叫人用圆木做了个枕头。木枕又圆又光又滑，稍稍一动，头就掉下木枕，人便惊醒，这样就能继续起来编写。后人称此枕为"警枕"。

最终，司马光花费19年时间完成了这部书，宋神宗赐书名《资治通鉴》，这是中国历史上第一部编年体通史，它上起周威烈王二十三年（公元前403年），下迄五代后周世宗显德六年（959年），共记载了16个朝代1362年的历史。

宋神宗去世后，司马光从洛阳赶往开封奔丧。守城的禁军看到司马光来了，都用手摸着额头说："这就是司马相公啊！"

开封的老百姓看见司马光，奔走相告，围观的人来了好几千，把路都堵上了。人们哭喊道："司马大人千万不要再回洛阳了，留下来辅佐皇帝，给老百姓争一条活路吧！"

司马光如百姓之愿，成为新皇帝宋哲宗的宰相。西夏、辽国的使节到了宋朝，一定要探问司马光的身体状况。两国的皇帝多次叮嘱本国的边防军："现在司马光当了宋朝宰相，你们千万不要挑起边境事端，免得惹事上身。"

因为编写《资治通鉴》积劳成疾，司马光担任宰相一年半就生病去世了。他下葬时，京城街巷哭声一片，百姓自发地罢市前往凭吊，有些穷人甚至卖了衣裳来祭奠。

学习园地

日积月累

孙权劝学
[北宋]司马光

初，权谓吕蒙曰："卿今当涂掌事，不可不学！"蒙辞以军中多务。权曰："孤岂欲卿治经为博士邪！但当涉猎，见往事耳。卿言多务，孰若孤？孤常读书，自以为大有所益。"蒙乃始就学。及鲁肃过寻阳，与蒙论议，大惊曰："卿今者才略，非复吴下阿蒙！"蒙曰："士别三日，即更刮目相待，大兄何见事之晚乎！"肃遂拜蒙母，结友而别。

译文

当初，孙权对吕蒙说："你现在当权掌管政事了，不能不学习！"吕蒙借口军务繁多，没时间学。孙权说："我难道要你成为研究儒家经典的学官吗？我只是让你粗略地阅读，了解历史而已。你说军务繁多，难道比我的杂事还多？我常读书，觉得很受益。"吕蒙于是开始学习。后来，鲁肃路过寻阳的时候，和吕蒙一起讨论议事，鲁肃非常吃惊地说："你现在很有军政才能和谋略，不再是吴县那个没有才学的阿蒙了！"吕蒙说："与读书的人分别几天，就应当用新的眼光看待了，兄长你看清事情怎么这么晚呢？"于是鲁肃拜见吕蒙的母亲，和吕蒙结为好友才离开。

注释

- 吕蒙：字子明，三国时吴国名将。
- 卿：古代君对臣的爱称。
- 当涂：当权。
- 掌事：掌管政事。
- 辞：推辞，借口。
- 孤：古时王侯的自称。
- 博士：古时专掌经学传授的学官。
- 涉猎：粗略地阅读。
- 见往事：了解历史。
- 多务：杂事多。
- 论议：讨论议事。
- 才略：军政才干和谋略。
- 非复：不再是。
- 吴下阿蒙：指在吴县时没有才学的吕蒙。现指才识尚浅的人。吴下，指吴县，今江苏苏州。
- 士别三日：与读书的人分别几天。士，读书人；三日，几天。
- 刮目相待：用新的眼光看待。刮目，擦擦眼。
- 见事：知道事情。

成语课堂

急中生智

释义 在紧急状况下突然想出了应对的方法。

出处 唐·白居易《和微之诗二十三首序》："今足下果用所长，过蒙见窘，然敌则气作，急则计生。"

近义词 情急生智

反义词 束手无策

接龙 急中生智➡智勇双全➡全力以赴➡赴汤蹈火➡火树银花➡花容月貌

趣味典故

口蜜腹剑

唐玄宗时期，有个官员叫李林甫，他嫉贤妒能，为人阴险。有一次，他对丞相说："华山有金矿，开采了可以缓解国家财政困难，可惜皇上不知道。"等皇帝要批准丞相的请求时，他又去告诉皇帝："臣早就知道华山有金矿，只是华山是龙脉，动不得。别人劝您开采，怕是不怀好意。臣几次想把这件事告诉您，只是不敢开口。"不出所料，丞相被罢免。

李林甫靠着这种方式，除掉了许多政敌，最后当上了丞相。所以当时的人都说他的嘴里有蜜，腹中藏剑。司马光在《资治通鉴》中评价李林甫："口有蜜，腹有剑。"

这就是成语"口蜜腹剑"的来历。它比喻一个人嘴上说得好听，事实上内心险恶，处处想陷害别人。

成语故事·火树银花

晋代诗人傅玄在诗中形容庭院内灯火通明，枝头挂满了灯笼，好像火一般灿烂。这就是"火树"的来历。

"银花"则出自南朝梁简文帝笔下。他说阿弥陀佛降临人间时，水中开满了莲花，树上落下了银花。

后来，人们将这两个词组合为成语"火树银花"，用来形容灯光和焰火绚丽灿烂。

白求恩

【加拿大国际医生】

> 课本出处
> 三年级-上册
> 手术台就是阵地

名人档案

白求恩（1890年—1939年），国际主义战士，加拿大著名胸外科医师、医疗创新者和人道主义者，加拿大共产党党员。1936年曾为反法西斯的西班牙人民服务，1938年来到中国参加抗日革命，因抢救伤员手术中被细菌感染逝世。

人道主义：重视人类价值的思想。关注的是人的幸福，强调人类的互助、关爱。2008年12月，联合国大会决定将每年的8月19日设立为世界人道主义日。

名人故事

白求恩出生在加拿大安大略省，祖籍苏格兰，他的祖父是多伦多大学三一医学院的创始人之一，也是闻名加拿大的医生。

白求恩受到祖父的影响，从小立志成为医生，救死扶伤。1916年，他从多伦多大学医学院毕业，随后成为加拿大皇家海军的一名军医，参加第一次世界大战。

1936年的冬天，作为支持国际反法西斯志愿者，白求恩率领一支加拿大医疗队，投身西班牙内战。在那里，他创新性地建立可移动的伤员急救系统，这就是移动军事外科医院的雏形。为了让失血过多的伤员能够及时输血，得到抢救，白求恩提出了流动输血队的方案，把城市里捐献的血液收集起来送到前线。他的这一方法被誉为西班牙内战时军事医学上伟大的创举。1937年，他在一次宴会上遇到陶行知，陶行知向他介绍了中国的抗日战争形势。他听后表示："如果需要，我愿意到中国去！"

1938年，白求恩率领加美医疗队，带着药品和手术器材来到中国，然后转赴晋察冀边区。

白求恩在那里和木匠、铁匠一起制造手术器械，培训医生和护士。他还设计了能够便携移动的手术室，创下了在69个小时内为115名伤员动手术的纪录。

1939年10月20日，白求恩计划回国去为建医院和卫生学校筹款，却遇上了日军的大扫荡。他决定留下，参与反扫荡作战的医疗救治。10月29日，他为一名腿部受重伤的伤员做手术时，日军逼近了手术场所，为了加快速度，他把左手伸进伤口掏取碎骨，中指被碎骨刺破（也有说被手术刀划破的）。3天后，他为另一名伤员做手术时，手上的创口不幸感染，11天后去世。

毛主席得知消息后，专门写了一篇文章纪念白求恩。文章中说：

白求恩同志……不远万里，来到中国。……一个外国人，毫无利己的动机，把中国人民的解放事业当作他自己的事业，这是什么精神？这是国际主义的精神，这是共产主义的精神。每一个中国共产党员都要学习这种精神。……白求恩同志毫不利己专门利人的精神，表现在他对工作的极端的负责任，对同志对人民的极端的热忱。……从前线回来的人说到白求恩，没有一个不佩服，没有一个不为他的精神所感动。

白求恩被安葬在唐县晋察冀烈士陵园，1953年迁葬到华北军区烈士陵园。为了纪念这位伟大的国际主义战士，人们以他的名字命名了白求恩国际和平医院。1991年，中国设立了白求恩奖章，以表彰在医疗卫生战线上做出突出贡献的医疗卫生工作者。

学习园地

日积月累

有关修养的优美句子

◎ 与人善言，暖于布帛；伤人以言，深于矛戟。　　——《荀子》

释　义　跟别人说善意的话，会让人感觉比穿上布帛还要温暖；跟别人讲话尖酸刻薄，会给别人带来很大的伤害。

◎ 仁者爱人，有礼者敬人。爱人者人恒爱之，敬人者人恒敬之。　——《孟子》

释　义　仁慈的人爱人，有礼貌的人尊敬人。爱别人的人，别人也爱他；尊敬别人的人，别人也尊敬他。

◎ 爱人若爱其身。　　——《墨子》

释　义　爱别人就像爱自己。

◎ 不迁怒，不贰过。　　——《论语》

释　义　不迁怒于别人，也不犯同样的过错。

成语课堂

救死扶伤

释　义　扶：扶助，照料。抢救快要死去的人，照顾受伤的人。现在常用来形容医务人员全心全意为病人服务的精神。

出　处　西汉·司马迁《报任少卿书》："与单于连战十有余日，所杀过当，虏救死扶伤不给。"

近义词　治病救人

反义词　落井下石、见死不救

接　龙　救死扶伤→伤天害理→理屈词穷→穷山恶水→水落石出→出神入化

墨 子

【墨家创始人】

课本出处
三年级－上册
语文园地

名人档案

墨子（约公元前468年—约公元前376年），名翟，战国时期的著名思想家、政治家、军事家，墨家的创始人。2016年，中国发射全球首颗量子科学实验卫星"墨子号"，以纪念墨子。

墨家：战国时期的哲学流派，诸子百家及九流十家之一。

卫星：按一定轨道绕行星运行的天体。如月球是地球的卫星。

名人故事

墨子是战国时期的思想家和军事家，他非常擅长用类比的方式来说服别人。

相传墨子的学生耕柱子聪明但不用功，墨子对此非常生气，总责备他。耕柱子说："我就没有比别人好的地方吗？"

墨子说："假如我要上太行山，可以用一匹好马或一头牛来驾车，你会鞭打好马还是牛？"

耕柱子说："当然鞭打好马了。"

墨子问："为什么要鞭打好马呢？"

耕柱子说："好马值得我去鞭打。鞭打它，它会跑得更快。"

墨子说："我认为你也值得我鞭策，所以才对你生气。"

耕柱子醒悟了，从此以后发愤学习，力求上进。

墨子还曾用类比的表达方式，挽救了自己的国家。

墨子在家乡讲学时，听闻强大的楚国正准备侵略宋国，还请鲁班制造了攻城的云梯。墨子便让大弟子带领300多名精壮弟子去宋国帮助守城，自己则日夜兼程，赶到楚国都城去找鲁班。

鲁班问："您找我有什么事呢？"

墨子说："北方有一个欺侮我的人，我希望借助您的力量去杀了他。"

鲁班听了很不高兴。

墨子继续说："我送给您十金。"

鲁班说："我坚守道义，坚决不杀人，并对此身体力行。"

墨子起身，对鲁班拜了两拜，说："我听说您在制造云梯，楚国将用它来攻打宋国。宋国有什么罪呢？楚国地广人稀，牺牲原本就不多的人口，去争夺更多的土地，这样的做法并不明智；宋国没有罪，楚国却攻打它，这样的做法并不仁义；明白这道理却不劝阻楚王，不能说是忠君的；劝阻却没有成功，不能称作坚持；您声称崇尚仁义，不肯帮我杀死欺负我的一个人，却要为楚国攻打宋国而杀死很多人，这不能叫明白事理。"

鲁班被墨子说得哑口无言。

墨子又说："既然这样，您为什么不停止计划呢？"

鲁班无奈地说："不是我不想停止啊，我已经向楚王说过这件事了。"

墨子说："那为什么不把我引荐给楚王呢？"

于是鲁班带墨子去见楚王。

墨子拜见了楚王，说："有这么一个人，他有豪华的车，但看到邻居有辆破车，就想舍弃自己的车，去偷邻居的破车；他有华美的衣服，但看到邻居有件粗布衣服，就想舍弃自己华美的衣服，去偷邻居的粗布衣服；他有美味佳肴，但看到邻居的粗茶淡饭，就想舍弃美味佳肴去偷邻居的粗茶淡饭。楚王您说这是怎样的一个人呢？"

楚王说："这个人一定是偷盗成瘾了吧！"

墨子趁机对楚王说："楚国的国土方圆五千里，宋国的国土方圆不足五百里，这就像豪华的车子同破车相比。楚国有云梦泽，里面有成群的珍禽异兽，长江、汉江里的鱼、鳖、鳄鱼不计其数，宋国却是个连野鸡、兔子、小鱼都没有的地方，这就像美味佳肴同粗茶淡饭相比。楚国有参天巨松、梓树、楠木、樟树等名贵木材，宋国是一个连多余的木材都没有的国家，这就像华丽的衣服与粗布短衣相比。我认为大王派兵进攻宋国，就像偷盗成瘾的窃贼一样。"

楚王理屈词穷，于是以鲁班已经造好了攻城云梯为借口，一定要攻打宋国。墨子见状便解下腰带模拟城墙，用木片代表守城器械，与鲁班演习攻守战阵。鲁班多次用巧妙战术攻城，但都被墨子抵挡住了。鲁班的攻城方法都用完了，但墨子守城的方法还有好几种。

鲁班不服气地说："我知道用来打败您的方法，可我不说。"

墨子说："我知道您要攻击我的方法，我也不说。"

楚王很好奇，于是询问墨子这话是什么意思。

墨子说："鲁班的方法不过是要杀掉我，以为这样宋国就没有人能守城了。可是我的300多弟子，早已拿着我墨家制造的器械，在宋国城墙上以逸待劳了。所以，即使杀了我，也杀不尽宋国的卫国军民啊。"

楚王听了，感觉取胜无望，于是彻底打消了侵略宋国的念头。这就是"墨翟陈辞，止楚攻宋"的典故。

墨子从楚国归国，途经宋国，正巧下雨，他到城门处去避雨，守门的人不给他开门。所以有这样一个说法："运用神机的人，众人不知道他的功劳；而在明处争辩不休的人，众人却知道他。"

学习园地

日积月累

墨子的优美句子

◎ 口言之，身必行之。

释义 嘴上说的，一定要做到。

◎ 志不强者智不达，言不信者行不果。

释义 志向不坚定的人，智慧就得不到充分的发挥；说话不守信用的人，做事就很难获得成功。

◎ 爱人者必见爱也，而恶人者必见恶也。

释义 爱护和尊敬别人的人必然被人爱护和尊敬，而厌弃和憎恶别人的人也必然被人厌弃和憎恶。

◎ 事无终始，无务多业；举物而暗，无务博闻。

释义 一件事情都不能做到有始有终，就不要去做别的事情；一个例子都不明白，就不要去追求见多识广了。

◎ 据财不能以分人者，不足与友；守道不笃，遍物不博，辩是非不察者，不足与游。

释义 拥有财富而不肯分给他人的人，不值得和他交朋友；遵守道义不坚定，阅历事物不广博，辨别是非不清楚的人，不值得和他交往。

成语课堂

身体力行

释义 身：亲身；体：体验。亲身体验，努力实行。

出　处　西汉·刘安《淮南子》："故圣人以身体之。"
《礼记·中庸》："力行近乎仁。"

近义词　事必躬亲

反义词　置身事外、纸上谈兵

接　龙　身体力行→行云流水→水到渠成→成年累月→月明星稀→稀奇古怪

趣味典故

墨守成规

战国时期，墨家代表人物墨子擅长守城。有一年，楚国要攻打宋国，楚王命鲁班造了一座攻城用的云梯。墨子知道后，赶紧去找鲁班，跟他在楚王面前预演攻城，以证明云梯没有用处，让楚王打消攻打宋国的念头。

果然，鲁班用尽了办法都未能攻破墨子守的城池。所以，人们把"善守"称为"墨守"。

到了三国时期，诸葛亮去世后，蜀国大臣蒋琬和费祎（yī）按照诸葛亮留下来的现成制度执政，稳定了蜀国的局势，《三国志》的作者陈寿说他们俩"承诸葛之成规"。

后来，人们将这两个典故组合为成语"墨守成规"，用来比喻固执地按老一套办，不求改进。

成语故事·水到渠成

苏东坡刚被贬到黄州时，给好友秦观写信，说自己薪俸都中断了，家里人口又多，弄得他颇为烦忧。为了节约开支，他每月初一从储蓄中拿出4500钱，分成30份，每份150钱。然后将它们悬挂在房梁上，每天清晨，用画叉挑取一份，再把叉藏好。这150钱就是一天的开支，如有剩余，就存入大竹筒中，用于招待客人。这样一来，算算自己原有的储蓄，大概还可以支撑一年多。至于一年多以后，再另作打算，反正水到渠成，眼前不必先作考虑。

这就是成语"水到渠成"的来历，它本义是指水流到的地方就能自然形成河渠。现比喻条件成熟，事情就会顺利成功。

荀 子
【战国思想家】

课本出处
三年级－上册
语文园地

名人档案

荀子（约公元前313年—公元前238年），战国时期的思想家、教育家。名况，被尊称为"荀卿"，又称"孙卿"。弟子有韩非、李斯等。提出"性恶论"，常被用来与孟子的"性善论"比较。著作有《荀子》。

李斯：秦朝著名的政治家、文学家和书法家。与韩非子一起师从荀子学习帝王之术，后来都成为诸子百家中法家学说的代表人物。

名人故事

荀子出生在战国末期的赵国。成年后他来到燕国，但并没有得到燕王的重视。他听说战国七雄中最为强盛的齐国国君齐襄王广罗人才，在都城临淄专门设立了稷下学宫，招募天下的学者来讲学，其中就有孟子等人。于是荀子来到齐国，这时他已经50岁了。

齐王很欣赏荀子的才华。作为齐国最年长的资深讲师，荀子曾三次出任稷下学宫的祭酒，原本想为齐国的发展赴汤蹈火，在所不辞。可是一些眼红的人到处诋毁荀子，齐王听信谗言，渐渐疏远了荀子。荀子只好离开齐国，投奔楚国的春申君。

春申君本名黄歇，他与魏国信陵君魏无忌、赵国平原君赵胜、齐国孟尝君田文并称为"战国四公子"。

春申君很器重荀子。在楚国期间，荀子教出了两个弟子：李斯和韩非。李斯觉得在楚国难以实现自己的理想，于是辞别老师，前往秦国寻找机会。

不久，春申君听信谗言，辞退了荀子。无处可去的荀子只身离开楚国，前往赵国。不久，他被赵王任命为上卿。这时，春申君很后悔当初辞退了荀子，又邀请荀子回楚国。荀子回到楚国，被任命为兰陵令。

后来，荀子弃官，从事教学和写作，他与弟子前后写了300多篇文章。200多年后，西汉的刘向从中选出32篇，集结为经典著作《荀子》。荀子在其中阐述了许多影响至今的道理。比如，他认为我们要善于汲取教训，注意前车之鉴；学无止境，学习要专心致志，要注重日积月累等。

其中关于学习的许多观点在《劝学篇》中都有深刻的体现。荀子在文中说，靛青是从蓝草里提取的，可是比蓝草的颜色更深；冰是水凝结而成的，却比水还要寒冷；不积累一步半步的行程，就没有办法达到千里远的地方；不积累细小的流水，就没有办法汇成江河大海；即使是骏马，跳跃也不足十步远，远比不上劣马连走十天；蚯蚓没有锐利的爪子和牙齿，也没有强健的筋骨，却能向上吃到泥土，向下喝到地下的泉水，这是因为它用心专一。

荀子的思想对中国古代政治影响巨大，他是中国第一个描绘出帝国架构的儒家人物。在汉代，荀子被尊奉为儒者典范，地位略低于孟子，司马迁在《史记》中将孟、荀二人合传，视二人为孔子以来的两大儒者。

学习园地

日积月累

荀子的优美句子

◎ 锲而舍之，朽木不折；锲而不舍，金石可镂。

释义 如果刻几下就停下来，那么腐朽的木头也刻不断；如果不停地刻下去，那么金石也能雕刻成功。

◎ 无冥冥之志者，无昭昭之明；无惛惛之事者，无赫赫之功。

释义 没有刻苦钻研的心志，学习上就不会有显著成绩；没有专心致志地埋头苦干，事业上就不会有巨大成就。

◎ 君子之学也，入乎耳，着乎心，布乎四体，形乎动静。

释义 君子学习，是听在耳里，记在心里，表现在威仪的举止和符合礼仪的行动上。

◎ 故不登高山，不知天之高也；不临深溪，不知地之厚也；不闻先王之遗言，不知学问之大也。

释义 所以，不登上高山，就不知道天有多高；不面临深溪，就不知道地有多厚；不聆听古代君王的遗言，就不知道学问有多广博。

◎ 君子之学也，以美其身；小人之学也，以为禽犊。

释义 君子学习，是为了完善自我；小人学习，是为了将学问当作家禽、小牛之类的礼物去讨人好评，卖弄自己。

◇ 锲（qiè）而不舍：不断地镂刻下去。比喻持之以恒，坚持不懈。

◇ 惛（hūn）：同"昏"，指暗自用心做事。

成语课堂

前车之鉴

释义 鉴：镜子，引申为教训。前面的车子翻倒，可以作为后面车子的教训。比喻前人的失败，后人可以当作教训。

出处 战国·荀子《荀子》："前车已覆，后未知更，何觉时？"

近义词 前车可鉴

反义词 重蹈覆辙

接龙 前车之鉴→鉴往知来→来者不善→善罢甘休→休养生息→息事宁人

趣味典故

赴汤蹈火

东汉末年，豪强四起，刘表拥兵十万，割据荆州。当时曹操和袁绍都想拉拢刘表，刘表不知道该归顺谁，于是与部下韩嵩商议。

韩嵩说："曹操一旦击败袁绍，就会进攻我们，那时我们就难以抵抗了，所以归顺曹操为上策。"

刘表说："现在天下大乱，局势未定，我也很难判断。你替我去许昌刺探一下曹操的虚实。"

韩嵩说："我是您的部下，本就应该为您效力，就是赴汤蹈火，我也在所不辞。"

后来从这里演变出成语"赴汤蹈火"，用来比喻不畏艰险，奋勇向前。

成语故事·息事宁人

汉章帝为人宽厚，禁用酷刑。他曾下诏，对那些不必杀死的罪犯应予以放生，不要听信纸面上的告发，以此来平息事端，使人安宁。

后来，从这个典故中演变出成语"息事宁人"，用来指平息纠纷，减少麻烦，使人们相安无事。